# A HISTÓRIA DOS ESTADOS UNIDOS DA AMÉRICA

# A HISTÓRIA DOS ESTADOS UNIDOS DA AMÉRICA

## DE COLÔNIA NO NOVO MUNDO A SUPERPOTÊNCIA GLOBAL

KIERON CONNOLLY

ALTA BOOKS
GRUPO EDITORIAL
Rio de Janeiro, 2024

# A História dos Estados Unidos da América



ISBN: 978-85-508-2359-1



Impresso no Brasil — 1ª Edição, 2024 — Edição revisada conforme o Acordo Ortográfico da Língua Portuguesa de 2009.

Dados Internacionais de Catalogação na Publicação (CIP)
**(BENITEZ Catalogação Ass. Editorial, MS, Brasil)**

C762h
1.ed. Connolly, Kieron
A história dos Estados Unidos da América / Kieron Connolly ; tradução Beatriz Medina. – 1.ed. – Rio de Janeiro : Alta Books ; M. Books (selo), 2024.
224 p.; 15,7 x 23 cm.

Título original: The history of America.
ISBN 978-85-508-2359-1

1. Estados Unidos – Aspectos culturais. 2. Estados Unidos – Civilização. 3. Estados Unidos – Escravidão. 4. Estados Unidos – Direitos civis. 5. Estados Unidos – História. I. Medina, Beatriz. II. Título.

06-2024/113 CDD 973

**Índice para catálogo sistemático:**
1. Estados Unidos : História 973
**Aline Graziele Benitez – Bibliotecária – CRB-1/3129**



**Grupo Editorial Alta Books**

**Produção Editorial:** Grupo Editorial Alta Books
**Diretor Editorial:** Anderson Vieira
**Editor da Obra:** Milton Mira
**Vendas Governamentais:** Cristiane Mutüs
**Gerência Comercial:** Claudio Lima

**Produtora Editorial:** Ana Clara Tambasco
**Tradução:** Maria Beatriz Medina
**Copidesque:** Maria Cecilia Madarás
**Revisão:** Denise Himpel
**Diagramação**: Rita Motta

ALTA BOOKS
GRUPO EDITORIAL

Rua Viúva Cláudio, 291 — Bairro Industrial do Jacaré
CEP: 20.970-031 — Rio de Janeiro (RJ)
Tels.: (21) 3278-8069 / 3278-8419
**www.altabooks.com.br** — altabooks@altabooks.com.br
**Ouvidoria:** ouvidoria@altabooks.com.br

Editora **afiliada à:**
ASSOCIADO CBL Câmara Brasileira do Livro

# SUMÁRIO

# INTRODUÇÃO

Atualmente, os Estados Unidos têm o tamanho de um continente e ainda são o país mais poderoso do mundo, porém há 250 anos essa nação não existia. Apesar de a Declaração de Independência de 1776 ter proclamado os ideais de "vida, liberdade e busca da felicidade", a ascensão norte-americana foi marcada por guerras, rebeliões e conflitos raciais.

Talvez não seja surpreendente que os Estados Unidos tenham, em parte, chegado ao domínio por meio de guerras e conflitos. Mas quem reflete sobre esta história — sangrenta ou não — não imagina os soldados norte-americanos ocupando a Cidade do México em 1847, ou os britânicos, derrotados há tempos na Guerra de Independência, voltando em 1814 para incendiar Washington. E pode se surpreender ao descobrir que John Adams, um dos fundadores da nação que conquistou a independência americana da Grã-Bretanha, tornou-se embaixador americano em Londres.

Talvez você também não imagine que Robert E. Lee, antes de se tornar comandante do Exército Confederado na Guerra de Secessão, recusou outra oferta de emprego: a de comandante do exército da União. Ou que, em seus últimos dias de desespero, o Exército Confederado, lutando para defender a escravidão e a subjugação dos negros, tenha aceitado pessoas negras como soldados em suas fileiras. Tudo isso aconteceu.

Assim, são essas ironias — além do paradoxo de George Washington e Thomas Jefferson, que mesmo sendo senhores de escravizados, proclamavam direitos iguais para todos os homens — que deixam tão rico o tecido da história americana. E ainda podemos perguntar: de que lado lutaram os americanos nativos na Guerra de Independência e na Guerra de Secessão?

**PÁGINA AO LADO: A coragem das Forças Armadas. Em 23 de fevereiro de 1945, seis fuzileiros navais americanos erguem a bandeira de listras e estrelas no monte Suribachi durante a batalha de Iwo Jima, na Segunda Guerra Mundial. Três deles morreram em combate nos dias seguintes.**

A resposta é: lutaram nos dois lados nas duas guerras, e alguns também tinham escravizados.

Esse livro delineia a história dos Estados Unidos desde o primeiro contato dos europeus com os americanos nativos, no fim do século XV, até seu envolvimento constante no Iraque e no Afeganistão, assim como o debate atual acerca da legislação sobre armas nesse país. No entanto, não é apenas um relato dos conflitos externos e internos estadunidenses. É também a história da expansão gradual dos treze estados originais até o outro lado do continente, e do péssimo tratamento dado aos americanos nativos, da escravidão, da segregação e do movimento pelos direitos civis. É a narrativa da histeria religiosa expressa nos julgamentos das bruxas de Salém no século XVII, assim como nos cultos suicidas do século XX. E é sobre o modo como os valores dos Pais Fundadores registrados no *Bill of Rights* — a declaração dos direitos dos cidadãos — a liberdade de expressão, o exercício livre da religião e a divisão entre os direitos dos estados e do governo federal continuam a moldar o país.

**"Os Estados Unidos são um país jovem, mas têm a Constituição escrita mais antiga do mundo."**

Cada nação segue uma trajetória específica no decorrer da história. Os Estados Unidos são um país jovem, mas têm a Constituição escrita mais antiga do mundo. Os primeiros colonos europeus foram para o oeste em busca de um mundo novo: alguns para procurar ouro, outros atrás de novas oportunidades e, no caso dos peregrinos separatistas do navio *Mayflower*, para estabelecer sua religião numa terra prometida sem perseguição. Para eles, como para muitos que os seguiram, a América representava a liberdade.

Os Estados Unidos de nossos dias formam um país quatro vezes maior do que quando conquistou a independência da Grã-Bretanha em 1783. Foi construído não só por ondas sucessivas de imigração, também por migrações internas: pessoas que abandonaram seus lares e fazendas no leste na esperança de conseguir uma vida melhor no oeste. A princípio, chegaram até o rio Mississipi, depois às Montanhas Rochosas e, finalmente, ao Oceano Pacífico. Nesse mundo pioneiro, de combate contra as intempéries, a fome e a hostilidade, a vida certamente foi brutal.

**ABAIXO: Remoção dos *cherokees* para terras a oeste do rio Mississipi, em 1838. A liberdade e a igualdade declaradas pelos Pais Fundadores não se estendiam aos americanos nativos, repetidamente expulsos das terras reservadas a eles.**

## O caminho para o oeste

Se refletirmos bem, de certa maneira, os Estados Unidos comemoram sua história sangrenta. O que é mais americano do que um caubói? Na verdade, a vida dos vaqueiros do Velho Oeste não era muito heroica nem agitada frequentemente por tiroteios. Mas quando o Velho Oeste virou história no fim do século XIX, os americanos e, com o passar do tempo, o resto do mundo começaram a apreciar os mitos cavalheirescos dos nobres pistoleiros

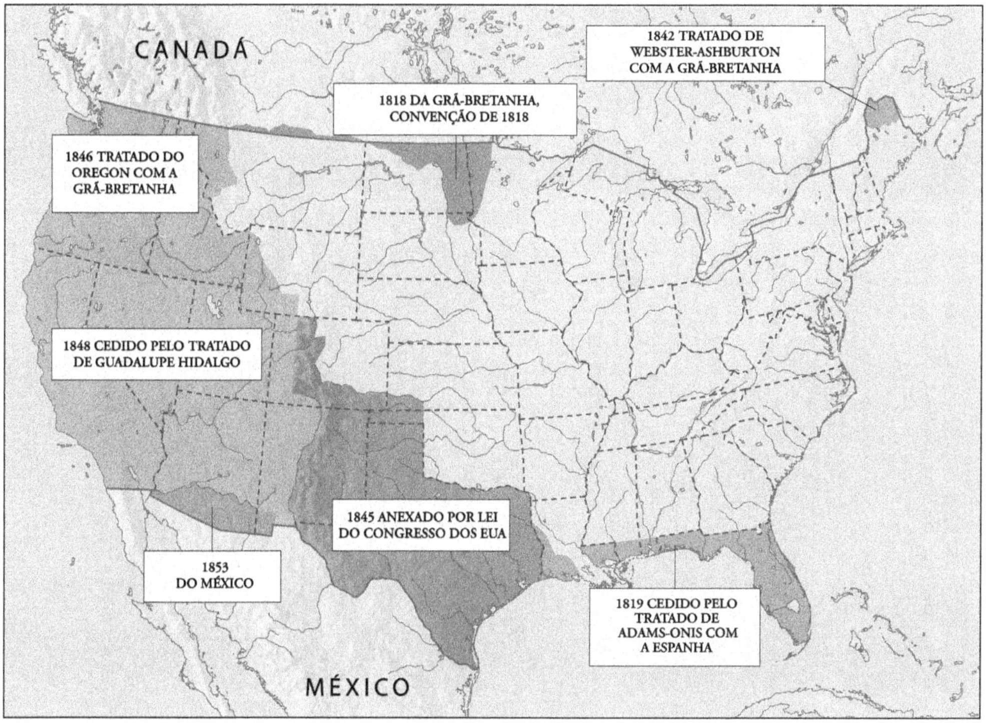


ACIMA: "Vá para o oeste, jovem, e cresça com o país" tornou-se uma frase comum entre os pioneiros, em meados do século XIX. Mas, primeiramente, foi por meio de guerras, tratados e compra de terras que os Estados Unidos se expandiram pelo continente até ir "do mar ao mar brilhante".

e dos fazendeiros em perigo transmitidos pela arte e literatura, e depois pelo cinema e a televisão. Não foi por acaso que os presidentes Ronald Reagan e George W. Bush foram fotografados usando chapéu de caubói em seus ranchos. Um deles foi ator e o outro foi empresário, antes de entrarem na política e aproveitaram a lembrança popular da vida dura e honesta da fronteira norte-americana. E sendo os Estados Unidos um país muito jovem, não faz muito tempo que isso aconteceu.

Mafiosos estadunidenses como Al Capone, ladrões de banco como John Dillinger ou Bonnie e Clyde foram elevados a heróis populares, principalmente nos filmes. Hollywood ainda lidera os filmes de ação no mundo, e essa ação — em histórias policiais, sagas de gângsteres e filmes de guerra — em geral, é empolgante e sangrenta, porém, muitos as apreciam.

## As estrelas e listras

Sem dúvida, a história dos Estados Unidos foi sangrenta, assim como a história de todos os grandes países. A violência ocorreu em todos eles, grandes e pequenos. Entretanto, por mais que seja brutal, a guerra também pode ser um motor de mudança social e técnica. Além da Guerra de Secessão, que deu fim à escravidão, as duas guerras mundiais colaboraram para reduzir a segregação duradoura contra os afrodescendentes e os povos nativos.

Este livro delineia as tragédias e as vitórias, os massacres, os erros e o heroísmo ao longo da história dos Estados Unidos. Sejam vitoriosos ou derrotados, sejam suas ações justas ou injustas, as vítimas caídas, os civis feridos e os bravos veteranos desses distúrbios, rebeliões, guerras e batalhas — são essas pessoas que ajudaram a construir o país.

# 1

# UM NOVO MUNDO

De 1492 à década de 1760, a América do Norte, até então isolada, passou a representar liberdade e oportunidade para os europeus livres. No entanto, para os povos nativos, os condenados e os escravos africanos, significou doença, remoção e servidão. O Novo Mundo teve um nascimento sangrento.

Atualmente aceita-se que os primeiros americanos eram povos do nordeste da Ásia que viveram entre 12.000 e 10.000 a.C. e foram a pé da Ásia para a América. Hoje, 89 quilômetros de água separam a Sibéria do Alasca, mas na última grande Idade do Gelo o nível do mar estava uns 90 metros mais baixo, de modo que deve ter surgido um trecho de terra coberto de capim entre os dois continentes. Se não atravessaram a pé, sugere-se que os primeiros americanos migraram de barco e desceram pelo litoral do Oceano Pacífico, para depois avançar para o leste e para o sul pelo continente. Não importa o modo, foi de lá que vieram.

Houve migrações posteriores também. Os ancestrais dos inuítes provavelmente atravessaram o Estreito de Bering em barcos há uns 5 mil anos. Por volta do ano 1000, Leif Erikson fundou um povoado nórdico que hoje chamamos de Vinlândia, na extremidade da Terra Nova. No entanto, sua migração teve pouco sucesso; em um século, a Vinlândia foi abandonada.

As estimativas variam muito, mas hoje acredita-se que havia de 5 a 12 milhões de americanos nativos ao norte do México, no fim do século

**PÁGINA AO LADO: Cristóvão Colombo procurava uma rota ocidental para a Ásia em 1492, quando encontrou as Bahamas. Suas viagens subsequentes exploraram o Caribe e partes da América do Sul e Central, mas nunca a do Norte.**

**PÁGINA AO LADO: Popularmente conhecido como descobridor da América, Cristóvão Colombo morreu em 1506, ainda defendendo que a América não era um continente separado, mas parte da Ásia.**

XV. Não eram uma sociedade única, e sim tribos numerosas que, embora conectadas pelas redes de comércio, falavam línguas diferentes e, em geral, eram hostis entre si.

Também havia sociedades inteiras que ascenderam e caíram até o ano de 1300, muito antes de os europeus aparecerem. Os povos mais avançados que construíram os túmulos de Cahokia, no Illinois, ou o povoado de Pueblo Pintado, no México (obras muito diferentes de tudo o que faziam as tribos sobreviventes), ainda confundem os arqueólogos de hoje.

Em 1492, o continente norte-americano mudou para sempre quando o explorador genovês Cristóvão Colombo atravessou o Oceano Atlântico em busca de um novo caminho marítimo para o Extremo Oriente e encontrou as Antilhas. As primeiras ondas de exploração, conquista e colonização realizadas por espanhóis, franceses e ingleses talvez fossem causadas por ganância, armamentos ou seguissem orientação divina, mas, em todos os casos, os recém-chegados trouxeram a mesma arma que não percebiam que tinham: os micróbios.

## Doença

Isolados do resto do mundo, os povos da América nunca tinham sido expostos a resfriado, gripe, lepra, febre tifoide, peste bubônica, sarampo, cólera e, o mais devastador, ao vírus da varíola. Embora muita gente na Europa ainda morresse de varíola, com o passar dos séculos expondo-se, os europeus adquiriram alguma imunidade ao vírus, o que os nativos não tinham.

Enquanto os espanhóis levavam doenças para a Flórida e o Mississipi, no século XVII a presença francesa no norte, no vale do São Lourenço,

## BATATAS, CAVALOS E VACAS

O deslocamento de animais e plantas entre as Américas e o resto do mundo depois de 1492, além de mutuamente benéfico, foi revolucionário. Mudou o que as pessoas comiam e quanto comiam, como plantavam e quantos podiam ser alimentados. Ou seja, alterou o modo como as sociedades se desenvolviam.

Os exploradores espanhóis e ingleses levaram para a Europa batata, tomate, abacate, pimentas, peru e fumo. Nas Américas, as mudanças foram ainda maiores. Os cavalos tinham sido extintos lá por volta de 10.000 a.C., mas foram reintroduzidos pelos europeus, que também levaram arroz, cana-de-açúcar, álcool, porcos, ovelhas, burros, bovinos e trigo, o que possibilitou transformar o solo pouco promissor das pradarias americanas em terra cultivável.

**À DIREITA: O mau hábito de fumar logo tornou-se popular na Europa, embora em 1604 o rei Jaime I da Inglaterra tenha avisado que era "perigoso para o pulmão".**

exterminou a maior parte dos índios *hurons* e iroqueses. Os ingleses também fizeram sua parte: o povoado de Plymouth foi construído pelos peregrinos do navio *Mayflower* no local de uma aldeia indígena eliminada por vírus que os ingleses levaram.

**"Até a década de 1860, a varíola continuou a ser a grande assassina de americanos nativos."**

Até a década de 1760, a varíola foi uma grande assassina dos americanos nativos. Para usá-la como arma bacteriológica na rebelião de Pontiac, o comandante britânico Jeffrey Amherst deu aos chefes indígenas cobertores contaminados com varíola de um hospital e insistiu com seus homens para que "experimentassem todos os métodos que servissem para extirpar essa raça execrável".

Os europeus pegaram alguma doença na volta? Já se argumentou que levaram da América a bactéria da sífilis, mas o debate sobre a origem da sífilis no Velho Mundo ainda permanece.

Sem dúvida, a maior parte das infecções fatais teve mão única; até 1650, estima-se que a população americana nativa se reduziu a um décimo do que era antes do contato com os europeus. Na América do Norte, isso pode ter representado a redução de 5 milhões de pessoas para apenas 500 mil.

**ABAIXO: Para enfrentar as doenças contraídas de europeus, os nativos da Flórida cuidavam dos enfermos: (à esquerda) abriam o crânio para remover o sangue doente; (à direita) fumigavam para remover toxinas.**

## O NOME DO NOVO MUNDO

Embora festejado nos EUA, Cristóvão Colombo nunca pôs os pés no que hoje são os Estados Unidos. Suas quatro viagens foram às ilhas do Caribe e às Américas do Sul e Central; ele sempre defendeu que a América fazia parte da Ásia.

Apesar de o continente ter o nome do viajante florentino Américo Vespúcio, este também não descobriu a América; ele não passava de um integrante sem importância das expedições ao Novo Mundo posteriores a Colombo. E como Vespúcio conseguiu dar nome ao continente? Por uma mentira de sorte.

Em 1504-1505, começaram a circular em Florença cartas intituladas *Mundus Novus* (Novo Mundo). As cartas eram forjadas, mas foram atribuídas a Vespúcio e afirmavam que, além de ser comandante nas viagens, ele descobriu o Novo Mundo. Vespúcio já havia escrito de fato sobre suas viagens, mas, como continham material sensacionalista sobre os hábitos sexuais e alimentares dos nativos, as falsificações tornaram-se muito populares. Enquanto isso, na França, Martin Waldseemüller criava um mapa do mundo; ele usou as cartas forjadas como fonte e deu o nome do florentino à massa terrestre recém-descrita. Quando Waldseemüller soube que Vespúcio não era o pioneiro que as cartas afirmavam, removeu o nome dele dos mapas subsequentes, porém, o nome América já havia se difundido.

**À DIREITA: Apesar de dar nome à América, Américo Vespúcio não descobriu o continente nem comandou viagens ao Novo Mundo.**

### As incursões espanholas

Como na América do Sul, os espanhóis se aventuraram pela América do Norte em busca de ouro e prata, mas se decepcionaram. A pequena quantidade de ouro que um pioneiro chamado Hernando de Soto encontrou entre os nativos da Flórida foi tirada pelos nativos dos naufrágios espanhóis anteriores, e De Soto não percebeu. Várias vezes, os americanos nativos alimentaram o sonho espanhol de que havia um El Dorado ao norte, localizado... "só a poucos dias" de viagem. Talvez fosse um jeito de se livrar dos espanhóis problemáticos e transferi-los para os vizinhos.

De Soto, que enriqueceu com as expedições entre os incas, desembarcou na Baía de Tampa em 1539 com quinhentos soldados, dezenas de cavalos e cães de guerra (mastins e lebréis irlandeses), além de centenas de porcos para comer. Sua sorte foi encontrar Juan Ortiz, sobrevivente de uma expedição anterior que vivia com os índios havia doze anos. Ortiz e índios

À DIREITA:
Hernando de Soto comandou a primeira expedição europeia para penetrar profundamente nos atuais Estados Unidos e torturou aldeões na busca infrutífera de ouro na Flórida. Em resposta, os americanos nativos ficaram cada vez mais beligerantes contra os espanhóis.

sequestrados serviram de intérpretes enquanto De Soto atravessava o sudeste em busca de butim (o que pudessem saquear). Às vezes, eles sequestravam chefes de aldeias e exigiam resgate em alimentos, mulheres e escravos. Entretanto, conforme a notícia sobre De Soto se espalhava, a resistência aumentava e, em 1540, sua força foi atacada sob o comando de Tazcaluza: 22 espanhóis foram mortos e 148 feridos, enquanto cerca de mil indígenas morreram. Depois disso, as forças de De Soto tornaram-se mais violentas atacando e saqueando aldeias.

Em 1541, enquanto passava o inverno entre os *chickasaws* do norte do Mississipi, com poucos suprimentos e sem encontrar nenhuma riqueza, De Soto tomou a decisão de voltar ao México, porém, pouco tempo depois, morreu. Seus homens, após construir barcos e descer o rio Mississipi,

foram novamente atacados por centenas de índios. Vivos, mas sem pilhagem, os sobreviventes chegaram à Cidade do México em 1543.

A expedição de De Soto foi apenas uma entre muitas que exploraram o Sul do país no século XVI. Os exploradores causaram grandes danos, mas sofreram também com doenças e conflitos com as tribos indígenas. Em 1598, atacado pelos índios de Acoma Pueblo, no Novo México, Juan de Oñate viu o corpo do sobrinho ser jogado de um penhasco. Além de matar centenas em combate aberto, para usar o inimigo como exemplo, Oñate seguiu o costume espanhol da época e cortou o pé de todos os homens adultos aprisionados.

Em 1565, os espanhóis conseguiram fundar a cidade de San Agustín, na Flórida, e os frades franciscanos construíram missões nas quais tentaram criar relações pacíficas com o povo indígena. Os espanhóis também tomaram esposas nativas com frequência. Mas a situação continuava precária e, no início do século XVII, o povo da etnia *guales* se revoltou e os espanhóis se retiraram. Em 1706, só sobreviveram San Agustín na Flórida e algumas aldeias sob controle espanhol.

**"Levaria dezesseis anos para os espanhóis recuperarem o Novo México."**

### A Revolta Pueblo

Com a conversão de alguns indígenas ao cristianismo, os espanhóis criaram uma divisão entre os americanos nativos e, no século XVII, houve ataques frequentes de apaches e *navajos* aos indígenas *pueblos* cristianizados do Novo México. Mais tarde, sofrendo com a seca e sob a ameaça das outras aldeias, os *pueblos* desistiram dos rituais cristãos e voltaram à antiga fé. A reação dos franciscanos foi prender 47 curandeiros espirituais *pueblos* e executar 3 em 1675 por bruxaria, enquanto os outros foram açoitados e presos por algum tempo. Cinco anos depois, os *pueblos* revoltaram-se e dirigiram sua ira contra 21 padres e missionários, que mataram, e mais 380 espanhóis. As igrejas foram destruídas e os líderes religiosos *pueblos,* numa inversão do batismo cristão, banharam os índios cristianizados nos rios para lavar a "mancha" do cristianismo.

Depois disso, as comunidades espanholas recuaram para o México. Os espanhóis levariam dezesseis anos para recuperarem o Novo México. Quando retornaram, vieram com mais humildade, sem tentar impor sua cultura e religião à força e aceitando um meio-termo cultural. Contudo, apesar do esforço, as colônias da Flórida, do Novo México e do Texas permaneceram como postos avançados da Espanha, extensos mas isolados.

**ABAIXO: Taos Canyon, no Novo México, foi o cenário da revolta dos índios *pueblos* contra os colonos espanhóis em 1680. Quatrocentos colonos morreram; os quatro mil restantes foram expulsos da província.**

### Os franceses

Enquanto os espanhóis entravam na América do Norte pelo Golfo do México, os franceses foram pelo nordeste e criaram um povoado no rio São Lourenço, em 1541. Embora tenham-no abandonado rapidamente, os colonos nomearam a região do rio de "Canadá", palavra indígena local que significa "aldeia".

No restante do século, os franceses se dedicaram a expedições de pesca e escambo com os povos do Golfo de São Lourenço. Assim, no início do século XVII, quando o comércio já estava bem estabelecido, construíram um entreposto comercial — em Quebec — onde os comerciantes de peles franceses fizeram aliança com os indígenas, principalmente os *hurons*. No entanto, isso os tornou inimigos dos inimigos dos *hurons*, os *iroqueses* das Cinco Nações. Por sua vez, os *iroqueses* aliaram-se e obtiveram armas com os inimigos da França, os holandeses, que haviam se instalado mais ao sul. Desse modo, os europeus e os americanos nativos aproveitaram as alianças e as hostilidades uns dos outros.

Em 1650, a Nova França tinha uma população de apenas 657 habitantes e, no mesmo período, a Nova Inglaterra chegou a 33 mil. Situada mais ao norte, o clima da Nova França era mais rigoroso que o da Nova Inglaterra, e os impostos a serem pagos pela colônia à metrópole desencorajavam a colonização. Assim, embora no início do século XVIII os franceses reivindicassem as terras do Golfo de São Lourenço até o Golfo do México, a Nova França continuava um território mais fraco do que os rivais.

**ACIMA:** O mapa da América do Norte do fim do século XVII mostra como o litoral ocidental foi bem desenhado. Por sua vez, o território a oeste do rio Mississippi foi descrito como "área terrestre cheia de touros selvagens".

## Os ingleses

O que distinguia as colônias inglesas das espanholas e francesas era sua relativa autonomia, a oportunidade de possuir propriedades e o benefício das excelentes terras agrícolas, embora as primeiras tentativas não fossem promissoras. O primeiro povoado na ilha Roanoke, na Carolina do Norte, fundado na década de 1580, logo desapareceu, e o povoado de Jamestown, de 1607, na Virgínia, quase foi destruído pela fome. Como relatou o capitão John Smith, um homem do povoado "matou a esposa, polvilhou-a [de sal] e comeu parte dela antes de ser descoberto". Quando descobriram, foi executado.

## DE CANOA PELO MISSISSIPPI

Uma grande mudança na sorte da França veio com René-Robert Cavelier, Sieur de La Salle, um ex-jesuíta que virou explorador. Com uma tropa de indígenas e franceses, ele criou fortes nos Grandes Lagos e, em 1682, desceu de canoa o rio Mississippi até o Golfo do México, embora não fosse o destino que buscava. Ele tinha esperança de encontrar uma rota para o Pacífico e, portanto, para a Ásia. Mesmo assim, reivindicou o novo território para a França e lhe deu o nome de Louisiana em homenagem ao rei Luís XIV.

A expedição seguinte de La Salle partiu da França e chegou à América pelo Golfo do México. Depois de uma viagem complicada em que três navios se perderam, ele desembarcou bem longe a oeste, e seus homens levaram três anos tentando encontrar a foz do Mississippi. Em 1687, sem nenhum objetivo à vista, os soldados se amotinaram e o mataram a tiros. Um triste fim, mas atualmente, as explorações de La Salle são comemoradas na França, no Canadá e nos Estados Unidos.

À ESQUERDA: O explorador René-Robert Cavelier, Sieur de La Salle, reivindicou a posse da região do Mississippi e chamou-a de "Louisiana" em homenagem ao rei Luís XIV.

Como os espanhóis na Flórida, os ingleses chegaram à Virgínia com esperança de encontrar ouro e uma passagem pelo continente até a Ásia. Só que não havia ouro, e logo eles comprovaram que não eram capazes de se alimentar. A ajuda veio dos *powhatans* locais, mas a boa vontade dos indígenas logo foi posta à prova. Em 1620, os colonos tomaram as terras dos *powhatans* sem nenhuma tentativa de pagamento, o que os levou a matar 347 colonos em 1622, mais de um quarto do total. Depois de novas disputas, em 1644 os *powhatans* chacinaram mais quatrocentos colonos num só dia.

**"Um arqueiro habilidoso conseguia lançar seis flechas bem miradas por minuto."**

É de surpreender que os nativos, sem armas de fogo a não ser as que obtinham com os europeus, conseguissem infligir tamanhas baixas nos ingleses. No entanto, um arqueiro habilidoso conseguia atirar seis flechas bem miradas por minuto, enquanto quem usava mosquete daria, no máximo, três tiros por minuto. Mesmo assim, a mira era incerta à distância, e o mosquete tinha muitos defeitos.

ACIMA: Apesar de terem armas de fogo, os europeus podiam ser vencidos pelos americanos nativos. Ao contrário do arco e flecha, o mosquete só podia atirar, no máximo, três vezes por minuto, e a mira à distância era incerta.

## Fumo

Embora não encontrassem ouro na Virgínia, os ingleses encontraram uma variante palatável de tabaco fumada pelos índios que, quando o negócio decolou, foi vendida na Inglaterra por até dez vezes o custo para produzi-la na colônia. O problema era obter mão de obra suficiente para o cultivo. Enquanto na Nova França a dificuldade era atrair migrantes, na Virgínia o problema era mantê-los vivos. De 1607 a 1624, cerca de 7.600 pessoas migraram da Inglaterra para a Virgínia, porém, depois de cerca de 20 anos, a população inglesa ainda era de apenas 1.200 habitantes e as doenças matavam muitos colonos. A população indígena local também se reduzia com as doenças, além de serem expulsas pela ocupação de terras.

Foram trazidos servos sob contrato para trabalhar nas fazendas. Os trabalhadores recebiam a passagem gratuita da Inglaterra à Virgínia, com um contrato de sete anos de trabalho para um senhor. Depois, estariam livres para trabalhar como assalariados e, se poupassem dinheiro suficiente, para comprar terras próprias — algo mais fácil de conseguir na Virgínia do que na Europa. Não que a vida fosse fácil; nos primeiros anos, a probabilidade de sobrevivência dos servos sob contrato era de 50%.

**ACIMA: Os colonos ingleses não encontraram ouro na Virgínia, porém, os americanos nativos lhes apresentaram o tabaco. Seu cultivo para exportação visando o mercado europeu passou a ser a base econômica da colônia.**

E a situação não melhorava. Com o fim da Guerra Civil Inglesa (1642–1651), o salário aumentou na metrópole. Emigrar para a Virgínia ficou menos atraente, e a tentativa de usar nativos escravizados para trabalhar na lavoura também não deu certo. Por conhecer o terreno melhor do que os ingleses, os habitantes locais fugiam com facilidade, e escravizar uma população com a qual os ingleses também precisavam comerciar era ruim para os negócios. Portanto, os grandes fazendeiros recorreram à solução adotada por outra colônia inglesa, Barbados, para a escassez de mão de obra: escravizar os africanos.

## Escravidão

A Virgínia e as Carolinas tornaram-se as primeiras colônias inglesas escravistas da América. Nos primeiros anos, os escravizados eram tratados como servos contratados e libertados depois de concluírem os anos do contrato. Num exemplo bastante extremo, em 1651 o ex-escravizado Anthony Johnson possuía 250 acres de terra (101 hectares) e tinha seus próprios escravos.

No entanto, com o tempo as condições de vida dos escravizados ficaram mais difíceis. Em 1662, a Virgínia adotou o princípio de que os filhos de mães escravizadas também seriam escravizados, fosse qual fosse a paternidade. Depois, em 1705, a colônia formalizou o código dos escravos, identificados como aqueles "que não eram cristãos no país de origem", proibia o casamento com escravizados e liberava o senhor de punição caso matasse um escravo acidentalmente a quem teve de disciplinar. Os açoitamentos e violências eram comuns, e os trabalhadores eram forçados a acompanhar o ritmo estabelecido pelo escravo mais rápido.

O número de escravizados aumentou rapidamente. Em 1680, havia cerca de 4 mil pessoas de ascendência africana em Maryland e na Virgínia; 30 anos depois, eram 31 mil. A esse respeito, na década de 1730, na Virgínia, só cerca de 30% dos escravizados viviam em fazendas onde havia dez ou mais escravos; com mais frequência, havia poucos em cada fazenda. Em consequência, os escravizados viviam em convivência íntima com o fazendeiro e os servos brancos. Era sua condição, tanto quanto a cor da pele, que os definia, como escreve o historiador Ira Berlin: "Durante o século XVII e nas primeiras décadas do século XVIII, os servos negros e brancos fugiam juntos, dormiam juntos e, às vezes, ficavam ombro a ombro contra [...] a autoridade estabelecida".

**"Alguns senhores estupravam as mulheres escravizadas ou as usavam como brinquedo sexual."**

Alguns senhores estupravam as mulheres escravizadas ou usavam-nas como brinquedo sexual, entretanto, ao menos na Carolina do Sul, a situação foi mais nuançada: a vida mais integrada entre senhores e escravizados fez os senhores reconhecerem as relações sexuais com as escravizadas e, às vezes, alforriavam os filhos dessa união. Daí surgiu uma casta de negros livres de pele mais clara.

ABAIXO: A violência era comum em todo o sistema escravista. Os escravizados podiam ser açoitados por suspeita de pequenos furtos ou por tentarem fugir. Para tornar a servidão mais suportável, os cativos, de propósito, demonstravam não entender as ordens, fingiam ignorância ou trabalhavam devagar.

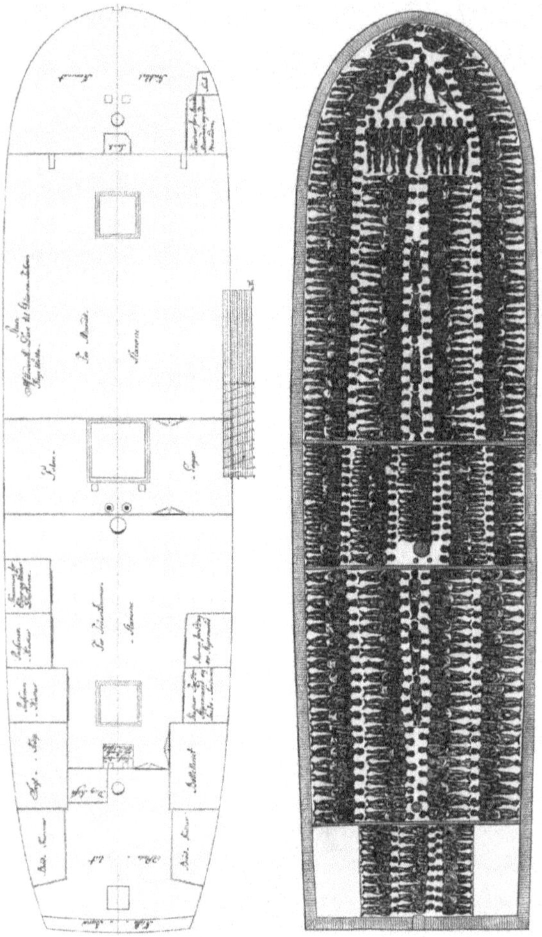

**ACIMA: Planta do convés de um navio negreiro no século XVIII. Com mais de duzentas pessoas acorrentadas muito juntas, os navios exalavam um fedor que podia ser sentido a quilômetros.**

## O tráfico atlântico de escravizados

De 1700 a 1775, 250 mil escravizados africanos foram levados para a América do Norte, cerca de 6% do total de africanos transportados pelo Atlântico; muitos mais foram para o Caribe e o Brasil. Embora isso não reduza a barbárie do tráfico atlântico de pessoas, provavelmente já havia na África tantos africanos escravizados — de 3 a 5 milhões — quanto na América.

Os escravizados eram obtidos em ataques e comprados de chefes africanos que vendiam seus cativos e prisioneiros de guerra e de comerciantes africanos de pessoas. A bordo dos navios, os cativos eram acorrentados pelo pescoço e empilhados em prateleiras de madeira com cerca de 75 cm de altura. Deitados sobre a urina e os excrementos, muitos morriam de disenteria. Alguns morriam de fome, outros tentavam pular no mar quando levados ao convés para comer e se exercitar. Às vezes, havia revoltas a bordo, porém muito raramente eram bem-sucedidas.

As condições melhoraram no século XVIII, quando o tempo da travessia se reduziu em algumas semanas e chegou a no máximo dois meses; na década de 1780, nove de cada dez pessoas sobreviviam à viagem.

## Uma nova Inglaterra

O navio *Mayflower* é romanticamente lembrado como o início da Nova Inglaterra, mas, um ano depois de sua chegada, metade dos 102 passageiros havia morrido. Mesmo assim, como eram famílias de artesãos desacostumados de lavrar a terra, tiveram a sorte de ser ajudados pela tribo *wampanoag* local, principalmente um deles, chamado Squanto. A Nova Inglaterra não era um território totalmente desconhecido e, depois de levado do litoral por pescadores ingleses, Squanto passou quinze anos no exterior, parte deles trabalhando em Londres, parte como escravizado na Espanha, e voltou para casa em outra expedição exploratória. Era um bom homem para os recém-chegados conhecerem.

Ao contrário dos caçadores de ouro do Sul, em 1620 os primeiros colonos da Nova Inglaterra foram motivados principalmente pela religião: eles eram separatistas da Igreja Anglicana. Por acreditar que o Dia do Juízo estava próximo, John Winthrop – puritano que dez anos depois comandou a primeira grande onda de imigrantes da Nova Inglaterra – proclamou: "Deus ofereceu este lugar [a Nova Inglaterra] para ser um refúgio aos muitos que Ele quer salvar". Eles acreditavam que a Nova Inglaterra lhes estava

## A REBELIÃO DE STONO

Em contraste com as colônias britânicas, a escravidão na Flórida espanhola costumava ser menos dura; em geral, os escravizados tinham o direito de se casar e possuir propriedades, e o território recebia fugitivos de outras partes do litoral leste da América do Norte. Com isso em mente, em 1739, na ponte de Stono, perto de Charles Town (Charleston), na Carolina do Sul, vinte escravizados roubaram armas e começaram a marchar para a Flórida.

Pelo caminho, eles atacaram fazendas, mataram mais de vinte colonos e seu número logo chegou a quase cem. Entretanto, os fazendeiros os alcançaram, mataram-nos a tiros e, como os rebeldes tinham feito com alguns brancos, decapitaram muitos.

Em geral, nos estados escravistas a situação era mais complicada do que um simples caso de negros contra brancos. Em uma ocasião, trinta escravizados, nascidos na terra e assimilados, mantiveram-se leais aos senhores brancos e mataram alguns insurgentes negros.

Embora rapidamente sufocada, a Rebelião de Stono provocou ondas de choque em toda a população branca da Carolina do Sul, em desvantagem numérica de dois para um diante dos negros escravizados. Em consequência, as leis escravistas endureceram.

destinada e não toleravam dissidentes; assim, enforcaram vários quacres que tentavam fazer proselitismo e, em 1638, excomungaram e expulsaram Anne Hutchinson, de Massachusetts, por pregar.

A Nova Inglaterra não se tornou uma grande colônia escravista, mas isso não se deveu à fé dos puritanos; a questão era que o tabaco e o arroz não cresciam no clima mais frio do norte, desse modo, não havia tanta necessidade de mão de obra quanto nas grandes plantações do Sul. Alguns escravizados eram usados como mão de obra rural ou empregados domésticos; no entanto, em Rhode Island, eles compunham no máximo 5% da população em 1710. Por outro lado, em 1775, na Virgínia, duas de cada cinco pessoas eram escravizados negros.

Além de haver menos pessoas escravizadas no Norte do que no Sul, lá eles tinham mais direitos; não eram classificados como propriedade em Massachusetts e, em alguns casos, depois da conversão para o cristianismo, recebiam a liberdade em Nova Amsterdam. Em 1664, quando a Nova Amsterdam foi adquirida pela Inglaterra, 75 dos 375 negros da cidade eram livres.

**ABAIXO: Ao contrário dos primeiros colonos, os Pais Peregrinos não buscavam ganho comercial na América, mas uma "terra prometida" livre para praticarem sua religião.**

## ESCALPELAMENTO

Por muito tempo usados pelos indígenas em guerra como troféus de batalha, foram os europeus que transformaram os escalpos em negócio. Como indicação da hostilidade entre as colônias e os nativos e ainda entre as próprias etnias indígenas, a recompensa por escalpos começou a aparecer na década de 1670. Sem exército, Massachusetts pagou 10 libras por escalpo a caçadores na Guerra da Rainha Ana, em 1702; e na guerra de 1711, com os *tuscaroras* da Carolina do Norte, John Barnwell comandou uma expedição que escalpelou 52 indígenas, inclusive 10 mulheres. Mas o escalpelamento também funcionava ao contrário: na Guerra dos Sete Anos, os franceses ofereceram recompensa por escalpos britânicos.

A Nova Inglaterra pode ter sido fundada com o espírito puritano, mas, como demonstra a história de Hannah Dustan, era uma fronteira violenta. Em 1698, um grupo de guerreiros *abenakis* capturou Hannah, seu filho recém-nascido e Mary Neff, a ama de leite, em Haverhill, Massachusetts. No dia seguinte, um dos guerreiros matou o bebê de Hannah e forçou as duas mulheres a se juntarem a outro guerreiro e a mulheres e crianças *abenakis* numa caminhada de 240 km até o Canadá. Dali a alguns dias, Hannah pegou a machadinha de um *abenaki* adormecido e, com a ajuda de Mary e de um adolescente capturado, esmagou o crânio dos homens *abenakis*. E não parou por aí. Ela escalpelou as vítimas e outros do grupo guerreiro e, mais tarde, apresentou dez escalpos à Assembleia Geral de Massachusetts; recebeu por eles 50 libras.

Ao adotar a caça aos escalpos, escreveu o historiador John Grenier, a sociedade americana, além de comercializar a guerra, "transformou em ato bélico legítimo matar não combatentes".

ACIMA: **Cartum americano de propaganda da guerra de 1812 com a Grã-Bretanha critica os "bondosos" britânicos e seus "valorosos" aliados indígenas que escalpelaram americanos.**

ACIMA: O ataque de forças inglesas juntamente com os *narragansetts* e *mohegans* a homens, mulheres e crianças *pequots* na Nova Inglaterra, em 1637. Muitos indígenas que não morreram na Guerra Pequot (1636-1638) foram vendidos como escravizados nas Índias Ocidentais.

**Revoltas e rebeliões indígenas**

A chegada dos europeus raramente uniu as tribos indígenas para enfrentar o inimigo comum. Na década de 1630, com o aumento da tensão entre os puritanos e os nativos na Nova Inglaterra, os *pequots* buscaram aliança com os *narragansetts*. Mas em vez de aproveitarem a oportunidade de solidariedade indígena, os *narragansetts* viram uma chance para remover a etnia rival e ficaram do lado dos ingleses.

O evento mais notável da Guerra Pequot (1636-1648) foi o ataque, em 1637, de forças inglesas e dos *narragansetts* e *mohegans* a Fort Mystic. A maior parte dos guerreiros *pequots* estava longe, atacando povoados ingleses, mas isso não impediu que a força comandada pelos ingleses incendiasse o forte e matasse mulheres, crianças e velhos que tentavam escapar. Estima-se que cerca de 600 *pequots* morreram no ataque; os puritanos perderam somente duas pessoas.

Dois meses depois, quando os ingleses derrotaram os *pequots* remanescentes, seu chefe Sassacus fugiu para o território dos *mohawk*, onde foi decapitado. Os *mohawks* não se envolveram na guerra nem se aliaram a povos não *iroqueses*. Enquanto isso, os *pequots* restantes foram vendidos como escravizados nas Bermudas ou divididos como pagamento entre os *narragansetts* e *mohegans*. No século XVII, os *pequot*s foram extintos como força política, como queriam os *narragansetts* — não que eles fossem durar muito mais.

**"Massachusetts pagou dez libras por escalpo a caçadores na Guerra da Rainha Ana, em 1702."**

Quando os ingleses executaram três homens *wampanoags* por assassinar um indígena cristianizado que alertara os ingleses dos planos de um ataque, seguiram-se ataques de vingança dos *wampanoags* e de outras tribos nativas. Foi a primeira vez que os puritanos processaram um nativo por

ACIMA: Em 1729, os índios *natchez* do Mississippi revoltaram-se contra as invasões francesas e mataram mais de duzentos colonos. Como a resposta militar francesa foi vender centenas de prisioneiros *natchez* para serem escravizados, até o final da década de 1730 a tribo havia sido extinta como povo independente.

PÁGINA AO LADO: De forma incomum, na Rebelião de Pontiac, em 1763, os americanos nativos se uniram contra os europeus. No levante, uma confederação frouxa de etnias indígenas do norte capturou nove fortes britânicos e atacou os navios no rio Detroit.

um crime entre indígenas, e houve um massacre. Os ingleses retaliaram e massacraram centenas de homens, mulheres e crianças *narragansetts*, assim como ingleses que tinham esposas indígenas.

E piorou. Quando o chefe *wampanoag* Metacom e seus seguidores pediram ajuda aos *iroqueses*, estes os atacaram, enquanto os *mohegans* apoiaram os ingleses. Em agosto de 1876, os ingleses capturaram e decapitaram Metacom. Sua mulher e centenas de sobreviventes foram vendidos como escravizados nas Índias Ocidentais. Com a morte de 3 mil indígenas na breve guerra (600 ingleses morreram), os *wampanoags* e os *narragansetts* foram praticamente exterminados.

Esse tratamento não se limitava aos ingleses. Em 1729, no Sul, os *natchez* e os escravizados se revoltaram, libertaram outros cativos e mataram mais de duzentos colonos franceses — quase todos os homens franceses da área. Em resposta, os franceses enviaram escravizados e índios *choctaws* contra os *natchez*, os quais massacraram centenas e venderam os sobreviventes como cativos. Em 1736, os poucos *natchez* sobreviventes se dispersaram para viver com os *cherokees* e os *crees*. Como em muitos conflitos entre europeus e indígenas, os franceses aproveitaram as inimizades locais e usaram uma etnia contra a outra.

Trinta anos depois, uma revolta seria a exceção dessa regra. Na Rebelião de Pontiac, as tribos do norte se uniram num grande movimento pan-indígena contra os britânicos, tomaram pela força nove fortes ingleses e sitiaram Detroit durante três anos. Quando finalmente esmagaram a rebelião, os britânicos levaram a revolta a sério e baixaram uma proclamação para que os colonos ficassem a leste dos Apalaches a fim de evitar novos conflitos. No entanto, isso não foi respeitado e a tensão entre nativos e colonos continuou alta.

## O JULGAMENTO DAS BRUXAS DE SALÉM

Em Massachusetts e Connecticut, doze mulheres foram enforcadas como bruxas até o início de 1692; mas, no período entre fevereiro de 1692 e maio de 1693, vinte pessoas foram executadas por bruxaria em Salém, Massachusetts, ou nas cercanias, e outras 156 foram presas. O que estava acontecendo? Provavelmente algo pouco satânico, mas igualmente sinistro: histeria coletiva.

Na Nova Inglaterra da época, a maioria das acusações de bruxaria era descartada, mas, na aldeia de Salém (atual Danvers), quando Betty Paris, de 9 anos, e sua prima Abigail Williams, de 11, adoeceram com convulsões e crises de gritos, sem que se encontrasse uma causa médica, as pessoas começaram a achar que as crianças estavam enfeitiçadas. Três anos antes, houve um caso em Boston de crianças com convulsões e acusações de bruxaria de que o povo de Salém teria ouvido falar.

Nisso, somaram-se às duas meninas dois outros casos de convulsões: Ann Putnam, de 12 anos, e Elizabeth Hubbard, que provavelmente tinha 17. Pressionadas para revelar seus torturadores, as meninas descreveram as bruxas que lhes apareciam sob a forma de espíritos e provocavam as convulsões.

As primeiras mulheres a serem acusadas de bruxaria, de forma nada surpreendente nesses casos, foram três excluídas: Tituba, negra escravizada ou americana nativa; Sarah Good, mendiga que amaldiçoava quem lhe cruzasse o caminho; e Sarah Osborne, condenada aos olhos da comunidade por viver com um homem antes do casamento.

No entanto, em vez de se ater apenas a essas três suspeitas, as acusações aumentaram. Com a crença no depoimento das meninas, mais suspeitas foram levadas ao tribunal, onde em geral confessavam para se proteger e citavam cúmplices, alimentando assim a histeria. As acusações se espalharam de Salém para a vizinha Andover, e, embora novos magistrados coloniais fossem chamados na esperança de jogar água fria na fervura, eles também acreditaram no depoimento das meninas e atiçaram ainda mais as chamas.

Em maio de 1692, havia 62 pessoas sob custódia. Com o senso de justiça temporariamente abandonado, a acusada que se recusasse a admitir a culpa era considerada culpada mesmo assim e executada. Sarah Good, cuja filha de 4 anos ofereceu provas como testemunha da acusação, foi enforcada. Sarah Osborne, que a outra Sarah acusou de ser bruxa, morreu na prisão. Tituba, que confessou no julgamento, foi presa, mas solta depois que o surto passou.

Enquanto isso, as acusações escalaram as fileiras sociais e chegaram a Mary Phips, mulher do governador Phips de Massachusetts. E a Samuel Willard, pastor da Primeira Igreja de Boston e reitor da Universidade de Harvard, que também foi acusado: a credulidade dos magistrados se rompeu.

Eles começaram a duvidar de todos os depoimentos ouvidos e descartaram as provas das meninas; o governador ordenou um novo julgamento. Cinquenta e duas pessoas voltaram a ser

### Condenados

Dos 80 mil ingleses que migraram para a América de 1700 a 1775, cerca de 50 mil eram condenados pela justiça. A migração de criminosos os tirava da mente e dos olhos das autoridades, e havia muito trabalho a ser feito nas grandes plantações da colônia. A maioria dos condenados era de rapazes sem especialização, culpados de furto, mas os condenados à morte na Inglaterra por homicídio podiam apresentar uma petição ao rei e, se tivessem sorte, receberiam perdão e exílio.

julgadas, e só três foram consideradas culpadas — e perdoadas, como todos os que já estavam presos.

Dos vinte executados, dezenove foram enforcados e um, Giles Corey, torturado aos poucos até a morte por esmagamento sob pedras cada vez mais pesadas, na tentativa de forçá-lo a se declarar culpado.

Se as meninas só queriam chamar a atenção, se foram afetadas por algum tipo de epidemia social depois do incidente em Boston ou se sofriam de alguma doença física ou psicológica, não se sabe. Sucessivas gerações de historiadores ofereceram hipóteses variadas para explicar o que aconteceu em Salém. Foi por causa de classe, gênero, rivalidade entre as famílias puritanas ou expressão da violência sentida com as guerras com os indígenas? Ou foi a combinação de todos esses fatores que deu oportunidade para que a histeria se instalasse?

ACIMA: Vinte pessoas foram executadas nos Julgamentos das Bruxas de Salém, em 1692 e 1693, até que as acusações de bruxaria começaram a causar dúvidas e a histeria coletiva se extinguiu.

Como nos navios negreiros, os condenados passavam a maior parte da viagem acorrentados pelo pescoço, embora tivessem um pouco mais de espaço do que os escravizados. Nas colônias, eram vendidos. “Lá, eles nos revistam como os negociantes de cavalos fazem com os animais”, recordou o condenado William Green. “Olham nossos dentes, examinam nossos membros, para ver se são saudáveis e adequados para o trabalho.” Os condenados eram vendidos por um terço do preço dos escravizados adultos e podiam trabalhar mais anos do que os servos sob contrato. O açoitamento era comum, assim como as correntes e os colares de ferro, caso o condenado fosse considerado rebelde.

Eles chegaram como criminosos, mas, como observou o historiador A. Roger Ekirch, na América os condenados "cometiam pouquíssimos crimes". Houve casos de fuga, alguns até conseguiram voltar à Grã-Bretanha, mas a maioria, depois de cumprir o contrato, geralmente mudava-se para outro lugar, na tentativa de se distanciar do estigma da servidão, e tentava começar uma nova vida.

## A guerra da Europa na América

No século XVIII, as colônias britânicas se desenvolviam e sua riqueza e população aumentava, com os colonos da Virgínia e da Pensilvânia começando a se expandir para o vale do rio Ohio. Essa área abrangia dos Apalaches até os Grandes Lagos e, embora fosse quase desocupada por europeus, havia muito tempo era reivindicada como parte da Nova França. Assim, em resposta à invasão britânica (tendo a Grã-Bretanha começado formalmente a existir em 1707, com a Lei de União entre os reinos da Inglaterra e da Escócia), os franceses

**ACIMA: Enquanto a maioria dos criminosos exilados era de ladrões ou culpados de crimes violentos, em 1732, presos por dívida na Grã-Bretanha, inclusive aristocratas, foram também enviados para a Geórgia.**

resolveram construir uma série de fortes, do lago Erie a Fort Duquesne (atual Pittsburgh).

Em 1754, as duas potências europeias entraram em guerra pelo Condado de Ohio, parte de um conflito global maior entre Grã-Bretanha e França e seus respectivos aliados na Guerra dos Sete Anos (1756-1763). Para lutar na América, os britânicos e franceses precisavam da ajuda dos indígenas locais. A confederação das tribos iroquesas mantinha aliança pacífica com os franceses no condado de Ohio, mas os britânicos desorganizaram tudo atraindo os *mohawks.*

**"Para lutar na América, os britânicos e franceses precisavam da ajuda dos indígenas locais."**

As forças francesas baseadas em Fort Duquesne derrotaram os ingleses em 1754 e em 1755, quando as fileiras de visibilíssimos casacos vermelhos ingleses foram facilmente derrubadas por soldados franceses e indígenas invisíveis entre as árvores. Pior ainda foi o ataque frustrado a Fort Carillon (Ticonderoga), às margens do rio Hudson, três anos depois. Foi a batalha mais sangrenta desse conflito (conhecida nos Estados Unidos como Guerra Franco-Indígena), com mil baixas no lado britânico. Em 1758, os britânicos conseguiram tomar Fort Duquesne, agora abandonado, e acharam uma linha de estacas encimadas com crânios de soldados britânicos — um sombrio lembrete da derrota anterior.

À ESQUERDA: George Washington (a cavalo) na Guerra dos Sete Anos. Um resultado da guerra foi determinar se os povos da América do Norte falariam principalmente inglês ou francês.

ACIMA: A Batalha de Quebec, em setembro de 1759, não foi o triunfo decisivo lembrado pelos britânicos. Embora rapidamente vitoriosa, depois a guarnição britânica ficou presa na cidade e os sobreviventes famintos e adoecidos só foram resgatados na primavera seguinte.

## A Batalha de Quebec

O ponto principal da América francesa era o Forte de Quebec, que fica 91 metros acima do rio São Lourenço. É de conhecimento popular – pelo menos na Grã-Bretanha – que os britânicos comandados pelo general James Wolfe conseguiram uma vitória rápida e surpreendente, embora o forte fosse quase inexpugnável. Os britânicos escalaram um caminho íngreme à noite, emboscaram os franceses nas Planícies de Abraão e os eliminaram com apenas duas salvas. Em dez minutos, a batalha terminou.

Se parece bom demais para ser verdade, é porque é mesmo. Na verdade, houve duas batalhas em Quebec: a vitória de Wolfe em setembro de 1759 foi sucedida por outra mais decisiva no ano seguinte. No entanto, os 7 mil soldados britânicos que conquistaram a cidade precisavam primeiro sobreviver ao inverno, e a escassez de comida provocou escorbuto. Na primavera, quando 7 mil soldados franceses descansados desceram o São Lourenço, apenas três mil britânicos estavam em condições de lutar.

Novamente, os soldados se enfrentaram nas Planícies de Abraão, mas dessa vez a batalha não se resolveu com rapidez. Depois de duas horas de combate corpo a corpo, metade dos britânicos estava morta ou ferida, e os ainda capazes de lutar fugiram para trás das muralhas da cidade. Com a situação ainda indefinida, Quebec só foi conquistada pelos britânicos quando a frota principal chegou no mês seguinte e os franceses recuaram. Até o fim do ano, todos os fortes franceses foram para as mãos britânicas.

A batalha foi travada em terra, porém foi o poder naval que decidiu a vitória. A Guerra dos Sete Anos acabou em 1763, e a Nova França se tornou formalmente parte das colônias britânicas. Num ato de limpeza étnica, 7 mil colonos franco-canadenses foram deportados da Nova Escócia para a colônia francesa remanescente da Louisiana. Apesar da derrota, a influência da França no futuro da América do Norte ainda não havia acabado.

**"No decorrer de apenas 250 anos, os europeus colonizaram o leste da América."**

## O Novo Mundo

No decorrer de apenas 250 anos, os europeus colonizaram o leste da América, dizimaram a população americana nativa com doenças e guerras e despojaram muitos povos. Além dos condenados da Grã-Bretanha, os europeus trouxeram milhares de escravizados da África e travaram guerras imperiais pelo território americano. Mas as colônias passaram a ser parte importante do comércio atlântico e, quanto mais estabelecidas e bem-sucedidas se tornavam, mais valorizavam sua importância e, com o tempo, sua independência.

Com a queda da Nova França, os membros das colônias britânicas comemoraram erigindo estátuas do rei Jorge III da Inglaterra e do seu principal político, William Pitt. Contudo, em doze anos, os colonos entrariam em guerra com a Grã-Bretanha, a guerra que criou os Estados Unidos da América.

**ABAIXO: Esse mapa de 1771 das colônias centrais britânicas foi projetado para incentivar a expansão para o oeste, depois das invasões francesas. O texto avisa que Jorge III se arrisca a perder "uma das melhores pedras preciosas de sua Coroa para a usurpação e ambição ilimitada [dos franceses]!".**

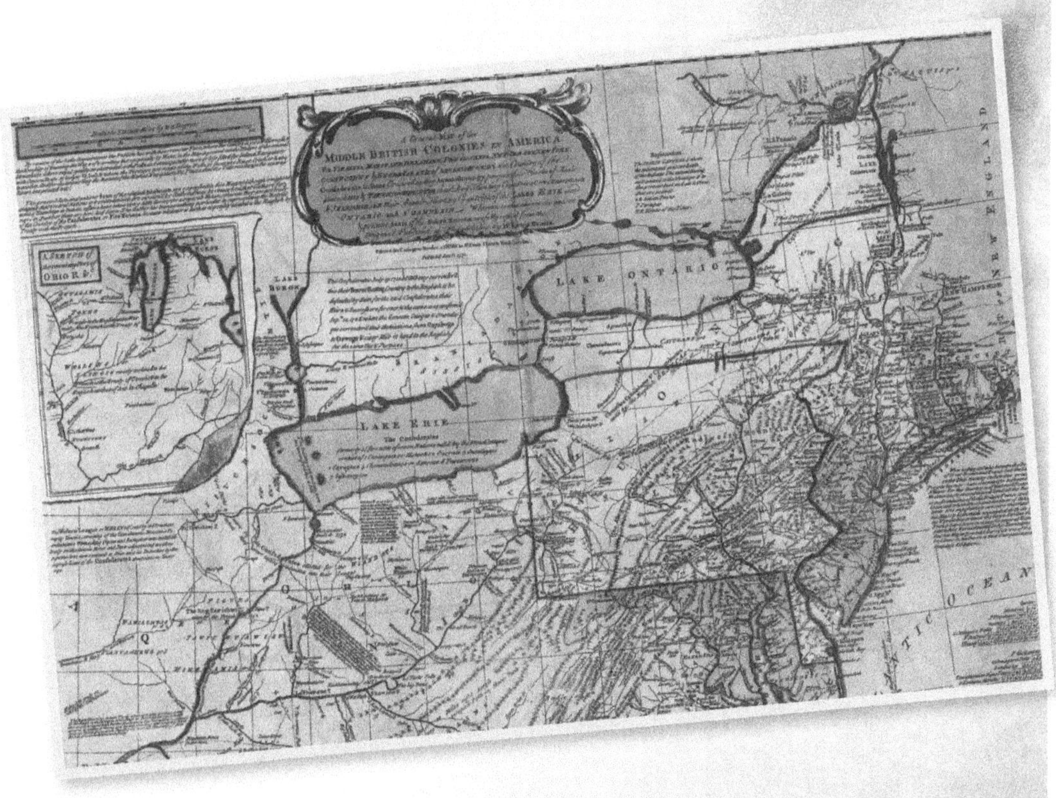

2

# A GUERRA DE INDEPENDÊNCIA AMERICANA

O que começou em 1765 como disputa tributária com a Grã-Bretanha evoluiu para uma guerra que resultou no surgimento dos Estados Unidos como nação independente. Contudo, embora adotasse os ideais de liberdade e igualdade, a república nascente se recusou a estender esses direitos às pessoas escravizadas e aos americanos nativos.

A Guerra dos Sete Anos (1756–1763) com a França, além de dobrar a dívida nacional da Grã-Bretanha, também deixou cinco vezes mais cara a administração das treze colônias da América do Norte. Por isso, Londres queria fazer os colonos pagarem sua parte, no mínimo porque agora a Grã-Bretanha mantinha um exército regular na América do Norte. Entre 1763 e 1776, houve uma série de tentativas dos britânicos de extrair receita das colônias americanas, o que era combatido com resistência cada vez mais violenta dos colonos, uma vez que não tinham representação no Parlamento de Londres e não queriam pagar impostos. Como dizia um famoso *slogan*: "Não à taxação sem representação".

E não é que a representação fosse ampla na Grã-Bretanha. Na época, apenas um de cada seis homens britânicos adultos tinha o direito de

**PÁGINA AO LADO: Embora veterano da Guerra dos Sete Anos, George Washington não tinha muita experiência em combate. Mesmo assim, como comandante em chefe da Guerra de Independência, ele dirigiu o Exército Continental em vitórias importantes como em Trenton, em 1776, e em Princeton, em 1777.**

**PÁGINA AO LADO: "Triste Boston! Ver teus filhos deplorados, tuas calçadas sagradas manchadas de sangue inocente", começa o cartaz de propaganda de Paul Revere intitulado "The Bloody Massacre" (o massacre sangrento), que descrevia o fuzilamento de cinco civis pelo exército britânico em Boston, em março de 1770.**

votar, contra dois em três nas colônias americanas. Na verdade, os distritos eleitorais britânicos eram uma miscelânea corrupta e antiquíssima. Assim, distritos quase desabitados tinham representante no Parlamento, e cidades novas como Manchester, não.

Do mesmo modo que a reforma eleitoral britânica estava muito aquém do crescimento populacional, a administração das colônias também era fora da realidade. Em 1700, a população das colônias americanas era um vigésimo da soma da população britânica com a irlandesa; em 1770, era um quinto: 2,1 milhões de habitantes, comparados aos mais de 10 milhões nas Ilhas Britânicas. No entanto, além dos esforços para cobrar tributos, Londres não tratava esse povo emergente de forma diferente. Para a metrópole, as colônias americanas, como as outras partes do império, eram entidades menores e sem sofisticação. O Parlamento mostrou falta de consideração pela opinião americana com a Lei de Quebec de 1774 — que garantia liberdade de culto para os católicos nos territórios de expressão principalmente francesa, cedidos à Grã-Bretanha pelo Tratado de Paris de 1763, e dava ao governador de Quebec controle sobre as vastas terras indígenas do Vale do Ohio. Por mais esclarecida que fosse essa atitude para com a população francesa derrotada, isso irritou os protestantes, os especuladores de terras e os mercadores americanos.

## Filhos da liberdade e chá de Boston

Em março de 1765, o Parlamento britânico aprovou um tributo sobre o selo de documentos jurídicos e jornais nas colônias americanas. Diferentemente dos tributos sobre o comércio, esse era o primeiro imposto "direto" criado nas colônias e provocou resistência. Em agosto daquele ano, os líderes da oposição à Lei do Selo atiçaram a turba da cidade de Boston. Dizem que, depois de os fazerem beber bastante, mandaram o populacho contra os representantes do governo britânico, levando-os até a saquear a casa do vice-governador de Massachusetts.

Os tumultos se espalharam pelas treze colônias, liderados não por delinquentes, mas principalmente por pessoas de classe média — mecânicos, pequenos comerciantes e lojistas — que, em geral, se denominavam "Filhos da Liberdade". Depois de bloquear a importação de mercadorias britânicas, os protestos só terminaram quando Londres suspendeu a Lei do Selo em fevereiro seguinte.

Em junho de 1767, Charles Townshend, chanceler do Tesouro britânico, tentou um método diferente de obter mais receita com as colônias impondo tributos elevados sobre o vidro, o papel e o chá. Mais uma vez, isso provocou a resistência dos comitês locais, com boicote de mercadorias britânicas. Apesar de vozes no Parlamento argumentarem que o uso da força corroeria toda a boa vontade dos americanos, mais soldados foram enviados da Grã-Bretanha para a guarnição de Boston. Em 1769, havia quase 4 mil soldados britânicos numa cidade com apenas 15 mil habitantes. Então, em março de 1770, uma multidão entrou em confronto com os soldados importunando-os e cinco civis foram mortos: as primeiras baixas fatais do conflito que se desenvolvia.

**"Pela primeira vez, a noção de independência foi discutida nos jornais coloniais."**

Os protestos e a resistência deixaram clara a questão. Com a pouca receita coletada pelos tributos de Townshend, muito superada pela perda do comércio com os boicotes, os tributos foram quase todos suspensos.

No entanto, a Grã-Bretanha ainda não percebia o perigo do que estava por vir. Quando, em maio de 1773, a metrópole desdenhou a preocupação dos mercadores americanos e deu à Companhia das Índias Orientais, então em dificuldades, o monopólio da venda de chá na América do Norte, os protestos logo começaram. O mais notável deles ficou conhecido como Boston Tea Party, ou a "Festa do Chá de Boston". Em 16 de dezembro de 1773, um grupo de sessenta homens que incluía aprendizes, marinheiros e mercadores, alguns meio disfarçados de americanos nativos, jogaram no Porto de Boston 340 caixotes de chá importado.

Imediatamente, os britânicos reagiram aplicando as Leis Intoleráveis (ou Coercitivas) de 1774: colocaram Boston sob lei marcial, fecharam o porto e deram mais autoridade aos nomeados locais. Isso funcionou a favor dos manifestantes, porque as colônias começaram a se unir contra a Grã-Bretanha e a enviar doações para Boston. Pela primeira vez, a noção de independência foi discutida nos jornais coloniais.

## O Congresso Continental

Em revolta declarada, agora as colônias rejeitaram a autoridade real e permitiram que os novos administradores locais cobrassem impostos, supervisionassem os tribunais e organizassem milícias. Reunido em Filadélfia, o Congresso Continental — com cerca de cinquenta homens de doze colônias (a Geórgia não participou) — discutiu o futuro das colônias e concordou em bloquear as importações da Grã-Bretanha, mas susteve a proibição de exportações para lá, o que arruinaria a economia do Sul. No entanto, a maioria dos delegados ainda esperava a reconciliação com a metrópole.

Também houve vozes de apoio em Londres, como a do parlamentar Edward Burke, que exigiu a representação dos americanos no Parlamento e

o relaxamento da legislação tributária. No entanto, a opinião predominante era punir as colônias rebeldes.

## De Lexington a Bunker Hill

Em 19 de abril de 1775, uma força de soldados britânicos de Boston entrou na aldeia de Lexington, em Massachusetts, em busca de armas ilegais. Foram enfrentados por setenta milicianos locais. Um tiro soou, não se sabe de que lado; os britânicos atacaram e, em poucos minutos, mataram oito americanos. Em Concord, no mesmo dia, os britânicos não encontraram nenhuma arma, mesmo assim incendiaram a cidade. Então, nos 26 quilômetros da viagem de volta a Boston, foram atacados. No fim do dia, setenta soldados britânicos estavam mortos e duzentos feridos; no lado dos colonos, os mortos e feridos chegaram a 95. O pior estava por vir. Dois meses depois, os britânicos desalojaram os colonos que reforçavam Bunker Hill, perto de Boston, mas isso lhes custou 250 vidas e mais 750 feridos. Com a luta se intensificando, o Congresso Continental decidiu criar um exército continental, com George Washington como comandante.

**À ESQUERDA:** "Os rebeldes não são a ralé desprezível que muitos supunham", escreveu o comandante britânico George Gage, depois que sua vitória em Bunker Hill, em junho de 1775, lhe custou 250 homens.

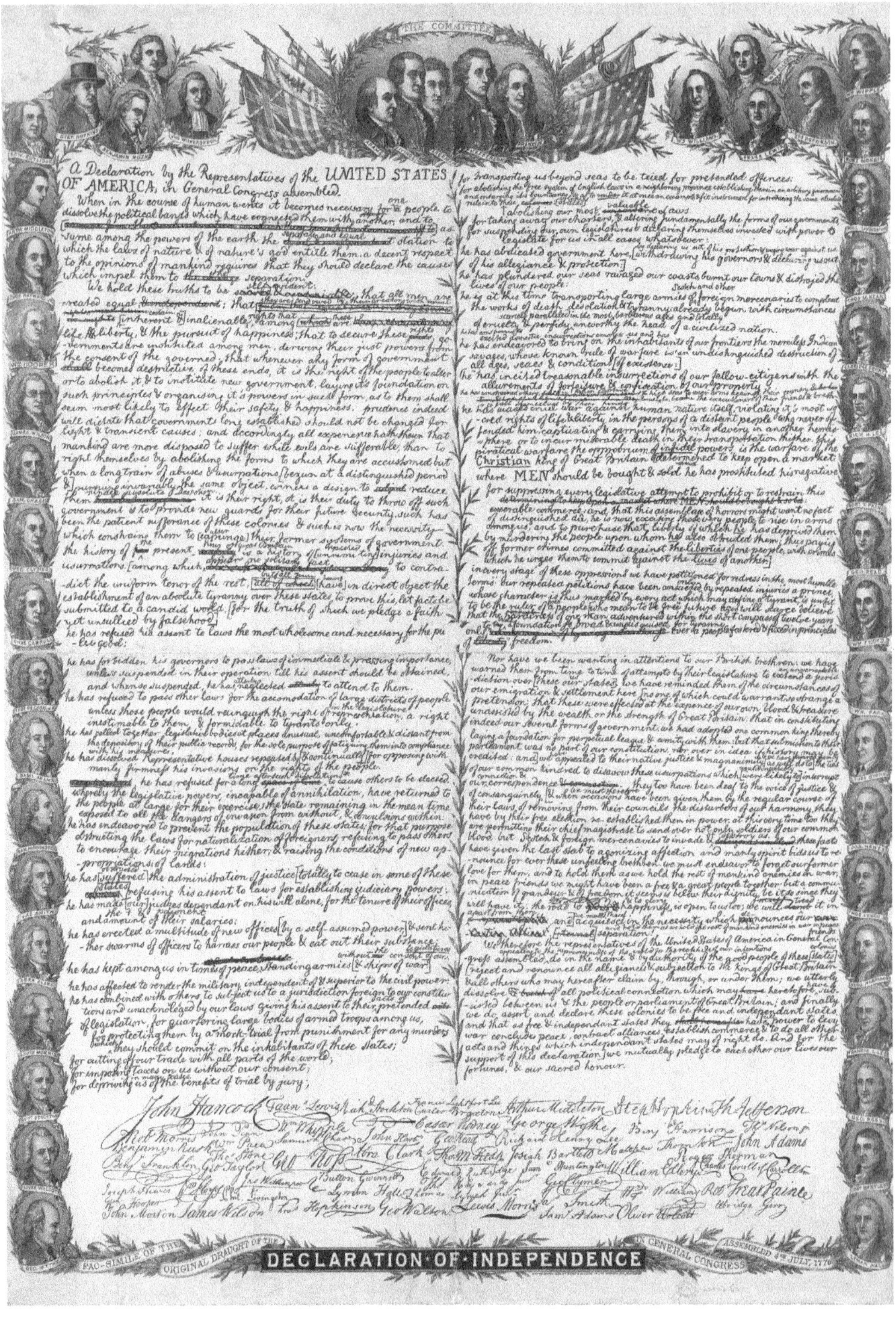
THE COMMITTEE
A Declaration by the Representatives of the UNITED STATES OF AMERICA, in General Congress assembled.
FAC-SIMILE OF THE ORIGINAL DRAUGHT OF THE
DECLARATION·OF·INDEPENDENCE
IN GENERAL CONGRESS ASSEMBLED 4th JULY 1776

## OS ESTADOS UNIDOS DE COLÚMBIA

E como as treze colônias chamariam o novo país? A Declaração de Independência afirmava "Declaração Unânime dos Treze Estados Unidos da América" e, naquele mesmo ano, Thomas Paine, em seu influente panfleto *Senso comum*, que defendia a independência, referiu-se pela primeira vez aos "Estados Unidos da América". No entanto, houve alguma hesitação no Congresso, principalmente porque, segundo eles, a palavra "América" poderia se referir a qualquer uma das Américas, não apenas às treze colônias. O Congresso discutiu a questão e chegou a pensar no nome "Estados Unidos de Colúmbia". Como as viagens de Colombo foram financiadas pela Coroa espanhola, sua reputação nas treze colônias não era cultivada pelos britânicos, e a ideia foi abandonada. Mas quando as colônias começaram a procurar novas figuras representativas que não fossem da Grã-Bretanha, a reputação de Colombo renasceu.

Finalmente, o Congresso decidiu adotar a palavra "América" e deixar Colombo vivo ao nomear faculdades, territórios e cidades do país.

### A Declaração de Independência

Embora os moderados ainda pedissem representação no Parlamento, em junho de 1776, John Adams, advogado de Boston ativo nos protestos, e Richard Henry Lee, da Virgínia, propuseram uma resolução ao Congresso: "Que estes Estados Unidos são, e por direito devem ser, estados livres e independentes, e que estão eximidos de toda lealdade à Coroa britânica...".

**"Os ideais de igualdade e liberdade não se estendiam a mulheres e escravos."**

O Congresso Continental aprovou a moção e nomeou Thomas Jefferson, integrante da Virgínia, para esboçar uma declaração de independência formal. A declaração final, com 1.300 palavras, responsabilizava o rei George III por todos os problemas americanos, e é uma boa expressão dos ideais iluministas da época: "Consideramos evidentes as seguintes verdades: que todos os homens são criados iguais; que são dotados pelo Criador de certos direitos inalienáveis; que entre esses estão a vida, a liberdade e a busca da felicidade..." Focava apenas a igualdade e liberdade dos homens brancos, mulheres e pessoas escravizadas não foram considerados.

Em 4 de julho de 1776, o Congresso Continental aprovou a Declaração de Independência. John Adams escreveu à esposa Abigail que o Dia da Independência "será comemorado por sucessivas gerações como uma grande festa anual". Ele tinha razão. Enquanto treze anos antes eram erigidas estátuas de George III em todas as colônias (após a vitória na Guerra dos Sete Anos), agora as efígies do rei foram derrubadas.

**PÁGINA AO LADO: A Declaração de Independência afirmava que os governos obtêm "seus justos poderes por consentimento dos governados" e que, como os britânicos buscavam a "tirania absoluta", a conexão política entre Estados Unidos e Grã-Bretanha seria dissolvida.**

### Os exércitos

A independência foi declarada, mas os colonos tinham de concretizá-la rompendo com a nação mais poderosa do mundo. Só em 1776, a Grã-Bretanha enviou 30 mil soldados à América do Norte, enquanto o Exército Continental tinha em geral menos de 5 mil homens, complementados pela milícia estadual. A cada estação, a maioria dos soldados americanos retornava às fazendas. Havia outro problema também: cerca de um quinto dos americanos brancos continuava leal à Coroa, e milhares lutaram no lado britânico.

## ESCRAVIZADOS COMBATENTES

Com a aproximação da guerra, alguns escravizados começaram a apoiar o inimigo de seu inimigo: os britânicos. Em setembro de 1774, os cativos de Boston ofereceram-se para servir ao general Thomas Gage contra os senhores americanos; no ano seguinte, os de Rhode Island se uniram a um grupo de legalistas. John Murray, conde de Dunmore e governador da Virgínia, ao ver a população branca voltar-se contra ele, declarou que libertaria todos os escravizados que se dispusessem a lutar a seu favor. De oitocentos a mil escravizados, inclusive famílias inteiras, fugiram e entraram no Regimento Etíope, relatou Dunmore. Em geral, seu esforço militar foi malsucedido, mas Dunmore conseguiu dispersar os sobreviventes: mandou os mais capazes para o norte, para se juntar às forças que apoiavam Nova York, e o resto para território amistoso, na Flórida e nas Índias Ocidentais.

Embora os americanos não tivessem recursos, os britânicos enfrentavam outras dificuldades. A guerra ficava a 4.828 quilômetros de distância, e eles não lutavam para esmagar um inimigo, mas reconquistá-lo. Além disso, a América era enorme e não tinha uma capital a ser conquistada. Em consequência, o esforço britânico se concentrou em atacar o principal exército do Congresso, na esperança de que as colônias perdessem a fé na rebelião.

Com um exército menor e mais fraco, George Washington decidiu lutar defensivamente e evitar ações em grande escala, dando preferência a escaramuças para desorganizar a cadeia de suprimentos britânica. Após Bunker Hill, ele contou que os fuzileiros americanos se escondiam atrás das árvores antes de atirar furtivamente e um soldado britânico reclamou:

**ABAIXO: As forças americanas tentaram manter o território em Brandywine, na Pensilvânia, em setembro de 1777. Com mais de 14 mil soldados de cada lado, foi o maior engajamento da Guerra de Independência.**

"Que método injusto de travar uma guerra!" Boa parte do esforço britânico não via o cerne da questão. "Os britânicos nunca entenderam o que realmente enfrentavam", escreve o historiador Gordon S. Wood. "Assim, subestimaram continuamente a perseverança dos rebeldes e superestimaram a força dos legalistas."

## Chegar a Saratoga

Na campanha britânica para ocupar a Filadélfia, no outono de 1777, George Washington foi derrotado duas vezes na Pensilvânia. No entanto, as derrotas não foram desastrosas e provaram que os americanos conseguiam resistir a forças superiores. Enquanto isso, uma força britânica comandada por John Burgoyne se deslocou do Canadá para o sul, na tentativa de controlar o rio Hudson. Com uma linha de suprimentos excessivamente extensa, depois de escaramuças com os colonos, seus 6 mil soldados viram-se cercados por um efetivo maior em Saratoga, no estado de Nova York, e travaram duas pequenas batalhas antes de se render.

**"Com a aproximação da guerra, alguns escravos começaram a apoiar o inimigo de seu inimigo: os britânicos."**

Mais significativo do que o resultado de Saratoga foi seu impacto mais amplo. Incentivados pela vitória americana, os franceses, que secretamente já supriam os americanos com dinheiro e armas, assinaram um tratado com os Estados Unidos para reconhecer sua independência e, ao mesmo tempo, declararam guerra à Grã-Bretanha. Depois, os espanhóis e holandeses se uniram aos franceses. Agora, as treze colônias tinham a seu lado grandes potências europeias.

## Rumo ao Sul

Depois de fracassar na Nova Inglaterra em 1777, os britânicos voltaram os esforços para o Sul. Charleston, na Carolina do Sul, foi dominada pelos britânicos em maio de 1780, depois de um cerco de três meses, embora no ano seguinte os americanos recuperassem o controle de quase toda a área. Então, Washington marchou para o sul e prendeu os britânicos na península de York, na Virgínia. Em geral, os britânicos, com a maior marinha do mundo, tinham o domínio do poder naval, mas em terra seus soldados tiveram a fuga negada por um bloqueio da frota francesa.

Incapaz de manobrar e diante de uma força de 17 mil homens contra seus 8 mil soldados, Lord Cornwallis foi sitiado em Yorktown. Dali a três semanas, com a varíola se espalhando e os homens começando a passar fome, Cornwallis foi forçado a se render. Finalmente, os britânicos receberam reforços de 25 navios e

**ABAIXO: O general britânico Charles Cornwallis alegou doença e não compareceu à cerimônia de rendição em Yorktown, em outubro de 1781. O general Charles O'Hara, segundo no comando, levou a espada de Cornwallis para os comandantes americanos e franceses.**

## VACINAS E MOTINS

Diante da epidemia de varíola, que dizimava o exército americano em 1777, George Washington reforçou a política de vacinação, antes aleatória. Esse feito ocorreu vinte anos antes de Edward Jenner, na Inglaterra, demonstrar o uso da varíola bovina como forma de vacinação e estabelecer o rumo do tratamento da varíola. A iniciativa de Washington foi rudimentar e, talvez, desastrosa; no entanto, ele não tinha muita opção. Ele criou uma unidade de quarentena onde todos os soldados receberiam um pouco das pústulas de varíola de outra vítima numa incisão no braço, transferindo assim uma pequena dose do vírus na esperança de criar imunidade em vez de matar o paciente.

Além da doença, os soldados americanos tinham dificuldades financeiras, porque faltava ao Congresso organização para sustentá-los, e os estados se mostraram indispostos a se unir e custear a guerra. Sem soldo e mal alimentadas, várias unidades americanas se amotinaram no inverno de 1779-1780. O revoltoso Joseph Martin, de Connecticut, explicou: "Os homens não viram alternativa: ou morriam de fome ou rompiam com o exército".

À DIREITA: O general Anthony Wayne tenta sufocar o Motim da Linha da Pensilvânia em 1781. Na Guerra de Independência, os soldados americanos se amotinaram várias vezes por falta de dinheiro ou comida.

7 mil homens; entretanto, chegaram no dia em que os termos da rendição foram concluídos.

A guerra não tinha acabado, escreve o historiador Gordon S. Wood, mas "todos sabiam que Yorktown significava a independência americana". A paz finalmente veio em setembro de 1783, quando os britânicos assinaram o Tratado de Paris, reconhecendo a plena independência dos Estados Unidos.

### Depois da guerra

A guerra foi vivenciada de forma muito diferente nas colônias. Boa parte da luta ocorreu nas Carolinas e na Geórgia. O momento de Massachusetts aconteceu em 1776 e o da Virgínia em 1781, com Yorktown, mas exceto essas ocasiões, essas duas colônias foram pouco atingidas pelo conflito. As experiências escravistas também variavam, pois os escravizados lutaram nos dois lados. Depois da guerra, os que tinham sido libertados pelos britânicos foram levados para o Canadá ou para as Índias Ocidentais, e os legalistas brancos mudaram-se para o Canadá ou a Grã-Bretanha.

Embora a guerra não tivesse batalhas imensas nem campanhas longas, 25 mil americanos morreram; em relação à população, foi a maior perda de vidas depois da Guerra de Secessão. Dessas mortes, só um terço ocorreu em combate, o resto se deveu às doenças.

Não surpreende que a guerra tenha sido travada com imenso custo financeiro para os americanos. Para financiá-la, o Congresso imprimiu dinheiro e causou inflação alta, além de fazer imensos empréstimos com os franceses e holandeses. Os Estados Unidos nasceram muito endividados. Agora desprotegidos pela bandeira britânica, muitos navios americanos foram atacados e a tripulação foi vendida como escrava por corsários dos estados muçulmanos do norte da África. Com pouco dinheiro para gastar, o Congresso não podia pagar resgates nem tributos. A independência provocou grande entusiasmo, mas havia problemas imensos a resolver.

## A Constituição

Os americanos declararam sua independência e depois foram conquistá-la. Os Pais Fundadores teriam de construir uma nação viável. Durante a guerra, cada colônia reescreveu sua Constituição como estado independente, restringindo bastante o papel dos governadores sancionados pela metrópole e aumentando a autoridade das assembleias locais eleitas. Mas a guerra não visava apenas livrar-se da tirania britânica; queria também bloquear qualquer tipo de tirania futura. Quando se reduziram as exigências para votar, muito mais gente obteve o direito, e fazendeiros, mercadores e advogados puderam participar do domínio que, antes, era exclusivo dos cavalheiros ricos. Agora, o domínio da monarquia e da aristocracia pertencia ao passado colonial.

No entanto, isso criou problemas no outro extremo, com muito poder concentrado localmente. Thomas Jefferson queixou-se de que quando "todos os poderes do governo — legislativo, executivo e judiciário — cabem ao corpo legislativo", o governo da Virgínia torna-se "despótico". James Madison, da Virgínia, outro futuro presidente dos Estados Unidos, disse que o "espírito de localidade" dos legislativos estaduais eram os estados, o que destruía "os interesses agregados da comunidade".

Além disso, em sua complicada aliança, os estados travavam guerras comerciais e territoriais entre si. Por exemplo, Connecticut cobrava de Massachusetts tributos sobre mercadorias mais altos do que as importações da Grã-Bretanha; Nova York disputava terras com Rhode Island; e Vermont ameaçava sair da União.

Em 1787, quando o governo não conseguiu pagar as dívidas nem cobrar impostos de forma confiável, não se sabia se seria possível honrar as obrigações do tratado ou garantir que as leis fossem obedecidas. "Não estava claro", escreveu o historiador Charles L. Mee, "que poderia ser chamado de governo".

**ABAIXO: George Washington presidiu a Convenção Constitucional de 1787. Durante quatro meses, 55 delegados debateram o conteúdo da nova Constituição da República. Notadamente, John Adams e Thomas Jefferson não estavam presentes, pois serviam como embaixadores americanos na Europa.**

No esforço de obter concordância em todo o país, a Convenção Constitucional se reuniu no verão de 1787, e dela surgiu uma constituição nacional. No entanto, três grandes problemas para a Convenção ocorreram: as diferenças de influência entre estados pequenos e grandes, a escravidão e o poder dos estados contra o novo governo federal.

Embora os estados pequenos temessem não ter voz no governo nacional, houve uma negociação: na câmara baixa do legislativo, a presença dos estados seria determinada por sua população; assim, Rhode Island teria apenas uma cadeira, enquanto a Virgínia teria dez. Isso seria contrabalançado no Senado, em que cada estado, qualquer que fosse seu tamanho, teria duas cadeiras.

**ABAIXO: Para abordar as objeções dos antifederalistas, as emendas à Constituição da Declaração de Direitos afirmavam que todos os poderes não especificamente delegados ao Congresso estavam reservados aos estados ou ao povo.**

Sobre a questão dos escravos, os estados do Sul viam-nos como propriedade e não permitiram que fizessem parte do eleitorado. No entanto, cada escravo contava como três quintos de uma pessoa na hora de calcular o tamanho da população, o que, portanto, decidiria quantas cadeiras teriam na Câmara dos Representantes (deputados). Embora considerada por muitos uma "servidão cruel" e desumana, a escravidão era algo que os estados sulistas não negociariam; teria de ser aceita como peculiar a eles para que a Constituição fosse ratificada.

Já o governo federal teria responsabilidade pela guerra, diplomacia, tributação, por empréstimos, pela emissão de moeda e regulamentação do comércio, mas seu poder seria controlado por uma série de pesos e contrapesos. O Executivo, o Legislativo e o Judiciário seriam separados; os senadores seriam escolhidos pelo Legislativo, e os integrantes da Câmara dos Representantes, pelo eleitorado.

## A Declaração de Direitos

A Constituição foi ratificada estado a estado em 1787 e 1788, e George Washington foi eleito presidente por unanimidade — não pelo povo, mas por personagens importantes nomeados pelos estados. Ainda assim, adversários de muitos estados temeram a perda de liberdades básicas para o governo nacional e exigiram o *Bill of Rights* (Declaração de Direitos).

Dez emendas da Constituição foram ratificadas em 1791. Entre elas, a primeira afirmava a liberdade de expressão e de imprensa e que "o Congresso não faria nenhuma lei relativa ao estabelecimento da religião", enquanto a décima abordava o equilíbrio essencial entre o governo federal e cada um dos estados, esclarecendo que o governo só tem os poderes que lhe são delegados pelos estados ou pelo povo por meio da Constituição.

**PÁGINA AO LADO: O panfleto *Senso comum*, de Thomas Paine, publicado em janeiro de 1776, foi extremamente influente na defesa da Independência. No entanto, Paine não era das colônias; tinha vindo da Inglaterra dois anos antes.**

Entre essas emendas, a segunda tem provocado atualmente forte reação emocional. Ela afirma: "Por ser necessária uma milícia bem regulada para a segurança de um estado livre, o direito do povo de portar armas não será infringido". No fim do século XVIII, isso significava que os cidadãos podiam possuir armas e deveriam saber usá-las para servir na milícia do estado. Contudo, não é mais o caso, visto que há um exército profissional,

**ACIMA:** Escravizados trabalham numa plantação de algodão. A escravidão era a pedra fundamental da economia sulista. Tanto George Washington quanto Thomas Jefferson mantiveram pessoas escravizadas em suas fazendas na Virgínia.

o FBI e as forças policiais do país todo. A interpretação mais ampla da segunda emenda, feita por muitos, de que é direito incondicional do indivíduo possuir armas de fogo para se defender continua no âmago do debate constante sobre o controle das armas.

## Escravidão e liberdade

Em 1774, pouco depois de sair da Inglaterra e chegar à América, Thomas Paine assistiu a um leilão de pessoas escravizadas na Filadélfia, a cidade do amor fraterno. "Com que substância de decência", escreveu, os senhores americanos de escravos "reclamam em altos brados das tentativas de escravizá-los enquanto mantêm tantas centenas de milhares na escravidão?"

E como os americanos conciliavam as exigências de liberdade, de um lado, com a propriedade de escravos do outro? Muitos, principalmente no Norte, não conciliavam: a Constituição de 1777 de Vermont, por exemplo, chamou a escravidão de "violação de direitos naturais, inerentes e inalienáveis". E, em parte por consciência, em parte porque a incerteza da economia favorecia a mão de obra livre, alguns senhores da Filadélfia começaram a libertar seus escravos em 1774. No mesmo ano, as colônias do norte, assim como a Virgínia e a Carolina, proibiram o tráfico atlântico de escravizados por insistência do Congresso Continental.

No entanto, embora violasse os ideais da guerra de independência — e muitos percebiam isso —, abolir totalmente a escravidão era impensável na época: ela era a pedra fundamental da economia sulista, e todos os americanos brancos, do norte e do sul, beneficiavam-se dela, direta ou indiretamente.

**"Embora ela violasse os ideais da independência, abolir a escravidão era impensável."**

Além disso, nas regiões do Sul, onde a população negra era muito maior, os negros livres eram temidos. Em novembro de 1774, na Geórgia, seis escravizados e quatro escravizadas foram queimados vivos por assassinarem o capataz da fazenda, sua mulher e vários brancos de fazendas vizinhas. A punição não foi apenas uma vingança torturante pelo crime, mas um alerta contra outras possíveis rebeliões.

Com a continuação do tráfico atlântico de pessoas em alguns estados e com as crianças nascidas escravizadas, no fim da época da independência havia muito mais negros escravizados do que no início. Mas algo havia mudado: a independência deu fim à era da existência *inquestionável* da escravidão.

**PÁGINA AO LADO:** No Massacre do Vale do Wyoming, na Pensilvânia, em julho de 1778, os iroqueses lutaram ao lado dos britânicos para derrotar os americanos. No ano seguinte, quarenta aldeias iroquesas foram destruídas na tentativa de esmagar o moral e a lealdade aos britânicos.

## Independência dos americanos nativos?

Os americanos nativos lutaram nos dois lados da guerra: os *oneidas* e os *tuscaroras*, por exemplo, ficaram do lado dos norte-americanos; mas os *senecas* e muitas outras etnias, com o objetivo de defender suas terras de invasões americanas, ficaram do lado britânico. Era inevitável que, depois da

## CONSTRUÇÃO DA CAPITAL

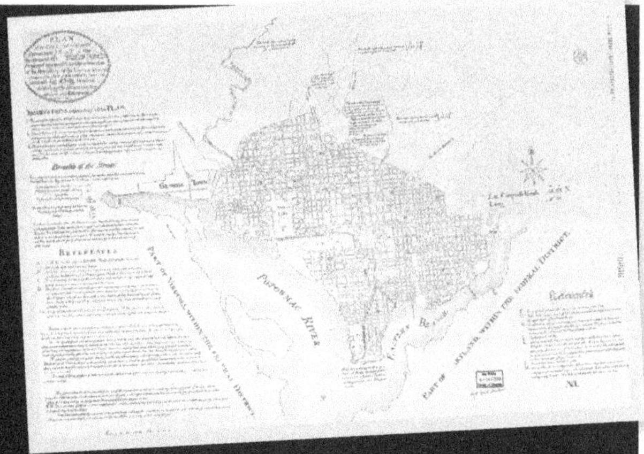

Depois da independência, no começo o Congresso mudava-se de cidade em cidade, mas logo foi decidido que o novo país precisava de uma capital. Filadélfia, a maior cidade do país com 50 mil habitantes, era a concorrente óbvia, porém nenhum outro estado queria ceder ao domínio da Pensilvânia. Os virginianos argumentaram que como o rio Potomac penetrava profundamente no interior, seria uma localização prática e simbólica para a nova capital. Assim, depois de algumas brigas políticas, ficou decidido que a capital construída lá seria o portal do futuro dos Estados Unidos no Oeste.

Em 1791, um território de pouco mais de 25 quilômetros foi retirado da Virgínia e de Maryland para criar o Distrito de Colúmbia, onde seria construída a capital Washington, embora durante muitos anos tenha sido um lugar miserável, marginal para a maioria dos norte-americanos.

**ACIMA: A planta da capital Washington à beira do rio Potomac; e como escreveu Thomas Jefferson, disponibilizamos "para despejar no nosso colo todo o comércio do mundo ocidental".**

guerra, as terras de muitos indígenas aliados da Grã-Bretanha passassem a pertencer aos Estados Unidos. "No esforço de ajudá-los", disse um integrante da etnia *wea*, "parece que forjamos nossa própria ruína." Como muitos americanos nativos apoiaram a Grã-Bretanha, agora quase todos eram tratados como inimigos. O Congresso da Confederação de 1787 havia prometido reconhecer e proteger o direito dos nativos à terra, mas na prática os especuladores se instalaram. Nas palavras do historiador Gordon S. Wood, a independência americana foi "um desastre para os indígenas".

### O futuro americano

Com o apoio da França, as treze colônias conseguiram derrotar a metrópole e começaram a forjar uma república moderna. A leste, o conflito com a Grã-Bretanha e até com a França ainda não terminara; a oeste, havia terras vastas a explorar, aproveitar, invadir e conquistar.

3

# A IDA PARA O OESTE

Guerreando e comprando terras, os Estados Unidos mais do que dobraram de tamanho na primeira metade do século XIX. No entanto, mais espaço não significava dar melhor tratamento aos americanos nativos, enquanto Norte e Sul se dividiam cada vez mais a respeito da escravidão.

Em 1873, no fim da Guerra de Independência, a Grã-Bretanha cedeu aos Estados Unidos as terras a oeste dos Apalaches e ao norte do rio Ohio. Thomas Jefferson, ao mapear esse novo território na Land Ordinance (Portaria de Terras) de 1785 e na Northwest Ordinance (Portaria do Noroeste) de 1787, criou um sistema no qual os territórios que chegassem a 60 mil habitantes poderiam solicitar a participação na União como estados.

Mas os novos estados seriam livres ou escravistas? Essa questão durou desde os primeiros anos da independência até o fim da escravidão, após a Guerra de Secessão. Apesar dos protestos do Sul, o Congresso proibiu a escravidão nos novos estados do noroeste, embora concedesse aos donos de escravizados a permanência do direito de "caçar" escravizados fugidos nos novos territórios.

Além dos Estados Unidos, grandes extensões da América do Norte ainda eram ocupadas por Grã-Bretanha, França e Espanha. A Flórida estava em mãos espanholas, assim como o território da Louisiana, que se estendeu no sentido noroeste a partir de Nova Orleans e chegou até a fronteira canadense. Originalmente francesa, em 1763 essa vasta área foi cedida

**PÁGINA AO LADO: "A velha América parece estar se decompondo e indo para oeste", escreveu em 1817 o viajante inglês Morris Birkbeck, na Pensilvânia. "Enquanto viajamos rumo ao rio Ohio, raramente deixamos de ver grupos familiares atrás de nós e à nossa frente."**

ACIMA: Antes de 1803, os Estados Unidos chegavam até os rios Mississipi e Ohio. Com a compra da Louisiana da França, o país dobrou de tamanho e ganhou a maior parte do território que futuramente constituiria os doze estados americanos.

Espanha; contudo, em 1800 voltou aos franceses. No entanto, Jefferson queria Nova Orleans para os Estados Unidos porque, sendo portuária, a Louisiana controlava as exportações americanas, como as do tabaco que descia pelo Mississipi. Com isso em mente, o país ofereceu 10 milhões de dólares à França por Nova Orleans. Logo ficou claro que Napoleão, imperador da França que precisava de recursos para a planejada invasão da Grã-Bretanha, se disporia a vender não só a cidade mas todo o Território da Louisiana. Assim, em 1803 a Louisiana foi vendida aos Estados Unidos por 15 milhões de dólares. Os americanos não sabiam o tamanho total do território, mas compreendiam que haviam comprado uma área imensa, do Mississipi às Montanhas Rochosas. Quando finalmente foi medida, a área tinha mais de 1,3 milhão de quilômetros quadrados. Num só golpe, os Estados Unidos dobraram de tamanho.

**"O grupo de Lewis e Clark foram os primeiros cidadãos estadunidenses a atravessar a Fronteira Continental."**

## A expedição de Lewis e Clark

Depois de comprar a Louisiana, Jefferson mandou uma equipe explorá-la. A expedição foi comandada pelo capitão Meriwether Lewis, seu protegido, e o tenente William Clark, amigo de Lewis. Eles subiram o rio Missouri, mapearam o novo território e encontraram uma passagem para o litoral do Pacífico.

Eles partiram em 1804 com um grupo de 32 soldados, dez civis, o escravizado de Clark e alguns guias e intérpretes americanos nativos. A comitiva subiu o Missouri e atravessou as Montanhas Rochosas pelo desfiladeiro de Lemhi (na atual fronteira entre os estados de Montana e

Idaho). Essa era a fronteira americana. Os caçadores de peles franceses e britânicos trabalhavam no interior americano desde o século XVIII, mas os componentes do grupo de Lewis e Clark foram os primeiros cidadãos estadunidenses a atravessar a Fronteira Continental. A partir das Rochosas, avançaram de canoa até o litoral do Pacífico e construíram um forte na foz do rio Colúmbia, no Oregon. Não era só para se protegerem, mas por razões políticas. Era importante estabelecer a presença americana na área antes dos britânicos e franceses.

Dois anos e meio depois, quando voltaram a Saint Louis, os dois homens tornaram-se governadores — Clark, do Missouri, e Lewis, da Louisiana —, porém Lewis morreu três anos depois. Havia muito tempo, Lewis sofria de episódios psicóticos e, certa noite, teve um ataque de fúria e se matou com um tiro, antes do amanhecer.

Ademais, a missão foi um grande sucesso. Embora viajassem 12.900 quilômetros em território selvagem e, às vezes, hostil, sua jornada foi extraordinária pelo bom resultado, em que o grupo só sofreu uma baixa, por ruptura do apêndice. Eles também tiveram encontros principalmente

**ABAIXO: Meriwether Lewis (no centro) e William Clark (à esquerda) com o guia indígena Sacagawea na viagem de 12.875 quilômetros da expedição que subiu o rio Missouri, atravessou as Montanhas Rochosas e chegou ao Oceano Pacífico.**

amistosos com mais de setenta tribos nativas. Só quando os indígenas *blackfeet* de Montana tentaram furtar armas de fogo a situação acabou com dois nativos mortos. Além disso, embora não fossem instruídos, Lewis e Clark mapearam o novo terreno, escreveram estudos das etnias americanas nativas e deram quase mil nomes a lugares, plantas e animais. Sem eles, as "Grandes Planícies" e o "*grizzly bear*" (urso grisalho ou urso-pardo) teriam nomes bem diferentes.

## DUELO COM O VICE-PRESIDENTE

Os duelos foram declarados ilegais em Nova Jersey, mas isso não impediu que Aaron Burr, vice-presidente de Jefferson, e Alexander Hamilton, ex-secretário do Tesouro, sacassem as pistolas em julho de 1804.

Rivais políticos, as diferenças entre eles aumentaram quando um jornal atribuiu a Hamilton a opinião de que não se deveria confiar a Burr "as rédeas do governo". Como Hamilton se recusou a se retratar dessas palavras e de outras injúrias, Burr fez seu desafio.

No duelo, os dois atiraram e Hamilton foi mortalmente ferido. Denunciado por homicídio, Burr fugiu de volta para Washington, onde, fora da jurisdição de Nova Jersey, conseguiu cumprir em paz os últimos meses de sua vice-presidência. Nunca julgado pelo assassinato, passou o resto da vida em relativa obscuridade.

**ABAIXO: O vice-presidente Aaron Burr mata Alexander Hamilton, um dos Pais Fundadores, num duelo em 1804.**

**À ESQUERDA:** Na tentativa de reprimir as etnias indígenas opostas à expansão dos EUA, em 1791 o general Arthur St. Clair levou seus soldados até o Vale do Ohio, onde muitos foram massacrados pelos guerreiros das aldeias.

## Primeiras nações, nações estrangeiras

Conforme os Estados Unidos avançavam para o oeste, os indígenas foram sendo empurrados para fora do mapa ou considerados "nações estrangeiras" dentro da nova república. Jefferson os via como "nobres selvagens" que, no máximo, aprenderiam a viver e plantar como os americanos brancos, em vez de perambular como caçadores nômades. Sem a caça, teriam de se deslocar para além do Mississipi.

Quando os nativos não se dispunham a ceder suas terras ancestrais, a violência explodia. Os colonos contaram histórias de escalpelamento e massacres de indígenas. De forma reveladora, em 1789 o governo americano pôs as questões indígenas sob jurisdição do Departamento de Guerra. Em 1791, o general Arthur St. Clair comandou um exército de 2 mil alistados até o vale do Ohio para pacificar as aldeias contrárias à expansão. Como muitos homens de St. Clair desertaram devido à falta de dinheiro, provisões e treinamento, os guerreiros indígenas derrotaram os americanos: mataram cerca de seiscentos, feriram outros trezentos e forçaram os restantes a fugir. Para dar fim ao caso de forma ritualística, os indígenas encheram de terra a boca dos soldados mortos. Foi a maior derrota de uma unidade do exército americano para americanos nativos em toda a história.

**"Para dar fim ao caso de forma ritualística, os indígenas encheram de terra a boca dos soldados mortos."**

Embora significativa, a vitória teve vida curta. George Washington mandou um número maior de soldados contra as aldeias do vale do Ohio e, em agosto de 1794, em Fallen Timbers, no norte da região, os indígenas foram expulsos do campo e mortos às centenas. Quando os sobreviventes fugiram para Fort Miami (hoje Maumee, no estado de Ohio), os britânicos se recusaram a abrir os portões para não provocar novos conflitos com os EUA. Derrotados, os indígenas entregaram quase todo o Ohio atual e parte de Indiana.

**ACIMA: Trinta anos depois de obter a independência da Grã-Bretanha, os Estados Unidos declararam guerra à ex-metrópole europeia. Durante o conflito, os britânicos incendiaram os prédios públicos de Washington — a única vez em que a capital foi ocupada por uma potência estrangeira.**

Em 1809, no entanto, um chefe inspirador chamado Tecumseh surgiu entre os *shawnees* e formou uma união de tribos no Ohio e mais ao sul, com os *creeks*. Assim, aos milhares, os americanos nativos conseguiram resistir aos Estados Unidos até que sua causa se misturou a questões internacionais quando os EUA entraram em guerra com a Grã-Bretanha.

## Os britânicos em Capitol Hill

Como é que, trinta anos depois de os britânicos reconhecerem a independência americana, os Estados Unidos declararam guerra à Grã-Bretanha e os casacos-vermelhos saquearam Washington?

A princípio, as Guerras Napoleônicas foram uma boa oportunidade comercial para os Estados Unidos. A abordagem de Jefferson foi deixar os europeus fazerem o que quisessem e comerciar com os dois lados sem se envolver nem se prejudicar. No entanto, a Grã-Bretanha e a França consideraram que isso atrapalhava seu esforço de guerra e passaram a interceptar rotineiramente os navios mercantes americanos que, acreditavam eles, comerciavam com o outro lado. A bordo dos navios, além de confiscar as mercadorias, os britânicos frequentemente obrigavam os marinheiros a servirem a seu lado. Nesse período, a Marinha Real sequestrou um total de 3.800 marinheiros americanos.

Quando a Grã-Bretanha bloqueou o comércio dos Estados Unidos com a Europa e com as Índias Ocidentais, os EUA também impuseram embargo à Grã-Bretanha, embora isso tenha prejudicado mais os americanos do que os britânicos. Com o tempo, a França concordou em respeitar os navios americanos, mas o bloqueio da Grã-Bretanha continuou. Assim, em 1812, o presidente James Madison apresentou as razões para a guerra: se não lutassem, os Estados Unidos aceitariam a subordinação aos britânicos nas relações exteriores. O Congresso escolheu a guerra.

**"Os americanos mataram trezentos soldados britânicos e só perderam treze vidas."**

Nos dois anos e meio do conflito, não houve nenhuma frente de batalha principal, e a maior parte dos combates terrestres envolveu a tentativa americana de controlar o Canadá. Os britânicos, com tantos soldados presos na Europa, buscaram o apoio do chefe *shawnee* Tecumseh. Em conjunto, as forças britânicas e indígenas ocuparam Detroit e Fort Dearborn (atual Chicago) antes de recuar para o lado norte dos Grandes Lagos. Entretanto, quando Tecumseh foi morto em combate, a confederação se desfez sem sua liderança carismática.

Os britânicos abriram uma nova frente no ano seguinte e atacaram Washington. Queimaram seus prédios públicos, inclusive o monte Capitólio e a mansão presidencial que, quando pintada de branco depois da guerra, passou a ser chamada de Casa Branca. A última grande batalha foi o ataque britânico a Nova Orleans em janeiro de 1815. Os britânicos iniciaram um ataque às obras de terraplanagem fora da cidade, mas não levaram nenhuma escada, e seus soldados foram abatidos enquanto subiam nos ombros uns dos outros. Com uma vitória fácil, os americanos mataram trezentos soldados britânicos e só perderam treze vidas. Na verdade o ataque todo foi em vão; os dois países já haviam assinado um tratado de paz um mês antes, em Ghent, no Reino Unido dos Países Baixos, mas a notícia ainda não tinha chegado à América.

A paz restabeleceu a situação: as fronteiras ficaram inalteradas e os embargos não eram mais um problema, pois as guerras anglo-francesas haviam terminado; a proteção das terras indígenas que os britânicos tinham prometido meses antes não foi garantida.

## A Lei de Remoção dos Nativos

No sudeste, os americanos nativos fizeram grande esforço para serem assimilados: aceitaram missionários protestantes, abriram escolas e até possuíam escravizados. Com longa tradição de agricultura e povoamento sedentário em vez de vida nômade, eram mais propensos do que aldeias de outros locais a seguir o modelo europeu. Depois de três séculos de presença europeia, o sangue agora era mestiço. John Ross, chefe dos *cherokees*, por exemplo, era filho de pai mercador escocês e mãe parcialmente indígena. Produtor bem-sucedido de algodão e proprietário de pessoas escravizadas, na política ele incentivava a assimilação. Entre seu próprio povo, os *cherokees* adotaram um Legislativo com duas câmaras e um sistema jurídico. Ross também defendia os direitos de seu povo, a ponto de os *cherokees*, localizados principalmente na Geórgia, declararem a sua independência dos EUA em 1827.

**ABAIXO: Apesar dos protestos dos estados do Norte, a Lei da Remoção dos Índios foi aprovada em 1830 e abriu caminho para a expulsão forçada de dezenas de milhares de indígenas de sua terra natal no sudeste da América do Norte.**

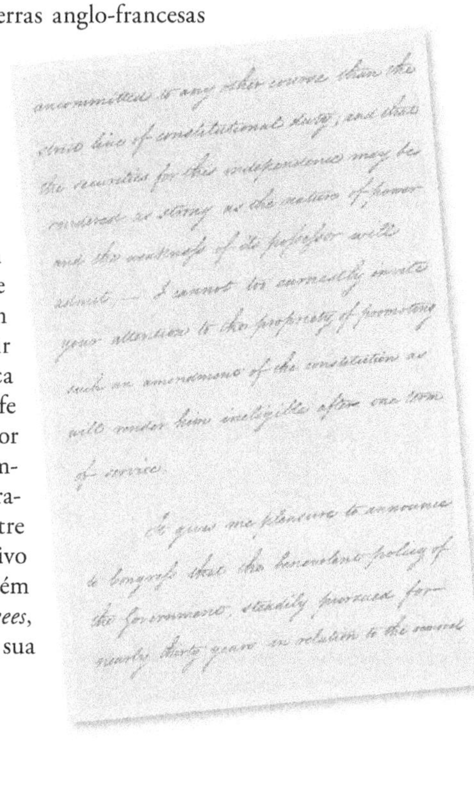
uncommitted to any other course than the strict line of constitutional duty; and that the securities for this independence may be rendered as strong as the nature of power and the weakness of its possessor will admit. — I cannot too earnestly invite your attention to the propriety of promoting such an amendment of the constitution as will render him ineligible after one term of service.

It gives me pleasure to announce to Congress that the benevolent policy of the Government, steadily pursued for nearly thirty years in relation to the removal

Além de ser anátema para os brancos da Geórgia, no ano seguinte foi encontrado ouro nas terras dos *cherokees*, e o Legislativo do estado aprovou uma lei afirmando que todas aquelas terras estavam sob sua jurisdição. Os *cherokees* responderam que sua soberania era negociada com o governo federal, não com o legislativo estadual.

PÁGINA AO LADO: John Ross, chefe dos *cherokees*, era filho de um mercador escocês e de mãe parcialmente indígena. Produtor de algodão bem-sucedido, tentou resistir à remoção de seu povo para o oeste, não pela guerra, mas pelos tribunais americanos.

Entretanto, levar a questão ao nível federal não ajudou os *cherokees*; o presidente Andrew Jackson era plenamente a favor da remoção dos indígenas. Em seu primeiro discurso sobre o Estado da União, em dezembro de 1829, ele perguntou: "Que bom homem preferiria um país coberto de florestas e habitado por alguns milhares de selvagens em vez de nossa extensa república, cravejada de cidades grandes e pequenas e futuras fazendas?" Ele solicitou que o Congresso reservasse "um amplo distrito a oeste do Mississipi" para as tribos indígenas viverem sob governo próprio, com controle mínimo de Washington. Se quisessem permanecer, os indígenas teriam de se submeter às leis estaduais.

Para o Norte protestante, onde restavam poucos americanos nativos, a sugestão de remover os indígenas para o oeste sem convertê-los ao cristianismo foi recebida com horror. Era esse o comportamento de um país fundamentado em "vida, liberdade e busca da felicidade"? Como ressaltou o senador Theodore Frelinghuysen, de Nova Jersey: "Com sucesso e triunfo, lutamos pelos mesmos direitos e privilégios que, agora, nossos vizinhos índios imploram que protejamos". Ainda assim, a Lei de Remoção dos Índios foi aprovada em 1830.

Das "Cinco Tribos Civilizadas" do Sudeste, as nações *chickasaw*, *choctaw* e *creek* foram as primeiras a se inscrever para a remoção e trocar seu território por terras mais a oeste. No entanto, os *seminoles* da Flórida revidaram e declararam que o tratado lhes foi imposto. Seis anos se passaram e 1.500 americanos morreram até os *seminoles* serem esmagados; muitos indígenas foram mortos ou removidos à força, e só restaram bolsões de integrantes da aldeia, engrossados por escravizados fugidos.

**"Amontoados em cercados, centenas morreram de disenteria e desnutrição."**

Enquanto isso, os *cherokees* comandados por John Ross continuaram lutando, mas nos tribunais em vez do campo de batalha. Em 1831, Ross levou seu processo, que era federal e não estadual, à Suprema Corte. Dois juízes concordaram com ele; os outros cinco, não. Com os canais jurídicos exauridos, finalmente os *cherokees* foram expulsos de seus lares sob a mira das armas. Amontoados em cercados, centenas morreram de disenteria e desnutrição. Os cerca de 13 mil sobreviventes foram levados a pé para oeste do Mississipi, e um quarto deles morreu pelo caminho. A nova terra no oeste era garantida pelo governo americano — mas o mesmo fora dito sobre a terra que os índios tinham acabado de perder.

Na década de 1820, cerca de 125 mil indígenas viviam a leste do Mississipi. Vinte anos depois, eram apenas 30 mil, principalmente nas reservas em torno dos Grandes Lagos. Liberada, a terra do sudeste agora podia ser explorada por um setor que só fazia crescer: a produção de algodão.

## Escravizados

Que tipo de futuro essa nova república otimista prometia as pessoas escravizadas? Embora em 1780 a Pensilvânia fosse o primeiro estado a abolir a escravidão, isso não significou liberdade imediata. Os escravizados eram

## DENMARK VESEY E NAT TURNER

Em geral, os ganhadores da loteria são lembrados pelos gastos frívolos. O escravizado Denmark Vesey foi a exceção: em 1800, ganhou 1.500 dólares na loteria e comprou sua liberdade. Carpinteiro, Vesey comandou uma igreja metodista negra secessionista em Charleston, na Carolina do Sul. Sua retórica inflamada convocava os escravizados para lutarem pela liberdade; entretanto, em 1822, Vesey foi condenado por tramar uma revolta de escravizados. Não se sabe o que realmente estava sendo planejado, e é provável que tenha havido exagero dos líderes brancos, mas Vesey e mais trinta foram enforcados.

Nove anos depois, o escravizado Nat Turner realmente liderou uma rebelião com mais de setenta negros escravizados e livres na Virgínia. À medida que iam de fazenda em fazenda libertando escravizados, mais de 55 homens, mulheres e crianças brancos foram mortos. No entanto, a retaliação foi ainda mais sangrenta. Embora a rebelião tenha sido esmagada em dois dias, mais de duzentos negros, muitos não envolvidos na revolta, foram mortos por uma turba branca. Condenado, Turner foi enforcado, decapitado e esquartejado. Quinze outros escravizados e um negro livre também foram enforcados, e doze escravizados foram vendidos em outro estado.

Depois do sucesso da revolução antiescravista do Haiti (1791–1804), o levante de Nat Turner confirmou os temores sulistas de uma insurreição de escravizados, e os estados aprovaram leis para impedir que pessoas escravizadas, como Vesey, obtivessem a liberdade.

**À DIREITA: Capturado quando sua revolta de escravizados foi esmagada, Nat Turner foi julgado e executado.**
**ABAIXO: Estátua de Denmark Vesey inaugurada em Charleston, na Carolina do Sul, em 2014.**

ativos econômicos a explorar, e a nova lei dizia que nenhum escravizado nascido no estado antes de 1º de março daquele ano seria livre, e que todo escravizado nascido depois de 1º de março só seria livre com 28 anos. Desse modo, não haveria nenhum escravizado liberto na Pensilvânia antes de 1808.

Ainda assim, em 1804 todos os estados do Norte, onde havia cerca de 30 mil escravizados, aprovaram leis semelhantes que aboliram a escravidão aos poucos. Em 1808, o Congresso aprovou o fim da participação americana no tráfico de escravizados africanos em dois anos. Apesar de mais de 150 mil escravizados terem sido enviados para os Estados Unidos entre 1801 e 1810 — o maior número de qualquer década da história americana —, parecia que com a nova legislação a escravidão estava prestes a se extinguir no país.

Na verdade, ocorreu o contrário. O fim do envolvimento americano no tráfico atlântico só aumentou o valor do mercado doméstico de escravizados. Agora os senhores procriavam os escravizados para vendê-los e, conforme os estados do Sul introduziam a escravidão em novos estados, a demanda aumentava. Em toda a América, os Estados Unidos importaram a menor proporção de africanos, mas em 1861, na época da Guerra de

Secessão, eles eram 4 milhões, a maior população escravizada das Américas do Sul e do Norte.

A demanda de escravizados era incentivada pela produção algodoeira. Com as inovações mecânicas, o algodão de fibra curta agora podia ser processado com rapidez cinquenta vezes maior do que no século XVIII — se houvesse mãos para colhê-lo. Com o trabalho dos escravizados, o algodão era um produto lucrativo para o mercado mundial, e a produção se expandiu em todo o Sul.

Sem dúvida, Jefferson percebia a injustiça da escravidão, mas também conhecia a economia sulista e dependia de duzentos escravizados para trabalhar em sua fazenda na Virgínia. Embora acreditasse que os indígenas podiam ser "civilizados" e se tornar americanos, ele acreditava que negros e brancos estavam ligados pela relação senhor-escravizado e que o melhor futuro para os negros seria criarem suas próprias nações na África, embora muitos nunca tivessem posto o pé lá.

Assim, ao mesmo tempo que os escravizados do Norte começavam a viver sua liberdade, a escravidão sulista se fortalecia. Depois de meses de debate político sobre os novos estados, se seriam livres ou escravistas, o

**Casa de leilões em Atlanta, na Geórgia, fotografada por George N. Barnard durante a ocupação da cidade pela União na Guerra de Secessão. O homem que lê é um soldado afro-americano do exército nortista.**

Congresso de 1820 traçou uma linha leste-oeste que cruzava o país e afirmou que, em todos os novos estados ao norte de 36 graus e 30 minutos, a escravidão seria proibida. Conhecido como Compromisso do Missouri, isso talvez resolvesse a questão temporariamente; porém, na verdade, cindiu o país e reforçou a divisão entre Norte e Sul. Profeticamente, Jefferson o chamou de "sino de incêndio à noite".

## Texas e México

Em 1821, os EUA não eram mais os únicos Estados Unidos da América do Norte. Os Estados Unidos do México tinham acabado de conseguir sua independência da Espanha colonial e, estendendo-se pelo sudoeste da América do Norte até o litoral do Pacífico, eram quase do mesmo tamanho dos EUA. Mas eram um país católico que não permitia a escravidão, o que se tornou um problema para os colonos americanos que invadiam os estados mexicanos do Texas e da Califórnia. Como os escravizados formavam 20% da população americana, os 40 mil colonos do Texas não tinham intenção de mudar seus hábitos — tanto que, em 1835, eles declararam o Texas um estado independente.

Foi um passo ousado, mas o México não deixaria o Texas ir embora assim. Enviou soldados, seguiram-se escaramuças e, depois de um sítio de treze dias, em 6 de março de 1836, forças mexicanas com superioridade numérica atacaram o Forte Álamo, perto de San Antonio. Na batalha, 600 mexicanos morreram, e todos os mais de 180 defensores texanos e americanos foram mortos. No mês seguinte, uma força texano-americana comandada por Sam Houston, com o famoso grito de guerra de "Recordem Álamo!", surpreendeu o exército mexicano e derrotou o inimigo em vinte minutos na Batalha de San Jacinto.

Embora o México concedesse independência à nova República do Texas, o território não passou a fazer parte dos Estados Unidos automaticamente. Isso alteraria o equilíbrio delicado conseguido entre o número de estados livres e escravistas, mantido com a permissão de só entrarem em

ABAIXO:
**O ex-congressista e homem da fronteira Davy Crockett empunha seu fuzil como um bastão quando os defensores texanos são vencidos por soldados mexicanos no Álamo.**

pares: um estado escravista e um estado livre. Portanto, o destino do Texas permaneceu incerto durante quase uma década.

## Terra prometida

Nesse período, os Estados Unidos estavam se transformando; o país se desenvolvia muito depressa. Em 1825, foi inaugurada a primeira via aquática artificial, o canal do Erie, de 584 quilômetros, para ligar o rio Hudson ao lago Erie; em 15 anos, os Estados Unidos teriam mais de 5.300 quilômetros de canais. No mesmo período, construíram-se outros tantos quilômetros de ferrovias, quase o dobro da Europa. Além dos meios de transporte, o telégrafo, lançado nos EUA na década de 1830, era uma forma rápida de comunicação a grande distância.

A ideia de uma nação que fosse do Atlântico ao Pacífico se tornou possível e finalmente alcançada. Em termos internacionais, os EUA também foram pioneiros: dominaram o setor baleeiro e, já em 1784, estabeleceram vínculos com a China, onde solaparam a Companhia das Índias Orientais britânica.

Enquanto a população norte-americana quase dobrava nesses anos, o México continuava principalmente agrário, com a frágil união de estados perto do colapso, e sua população cresceu levemente para 7 milhões de habitantes.

**"Finalmente, os EUA invadiram o México, bloquearam seus portos e ocuparam a Cidade do México."**

Com o fervor expansionista a pleno vapor, em 1844 o novo Partido Democrata americano começou a fazer campanha pela "reanexação do Texas", embora esse nunca tivesse sido propriamente anexado. A lei passou pelo Congresso e, em 1845, o Texas se tornou um estado, com soldados americanos reforçando a reivindicação da fronteira com o México ao longo do rio Grande, muito mais ao sul do que a fronteira existente. E, ao mesmo tempo, um enviado foi à Cidade do México e ofereceu 40 milhões de dólares pelo Novo México e pela Califórnia.

A oferta do enviado foi categoricamente rejeitada. No entanto, quando soldados mexicanos atravessaram o rio Grande e deixaram dezesseis soldados americanos mortos e feridos, James K. Polk, o novo presidente democrata, usou o pretexto para exigir uma ação militar e afirmar que o México "invadiu nosso território e derramou sangue americano em solo americano". No entanto, a resistência mexicana no Texas mostrou-se mais forte do que o previsto, e a guerra se arrastou durante dois anos (1846–1848). Finalmente, os EUA invadiram o México, bloquearam seus portos e ocuparam a Cidade do México para forçarem os mexicanos a negociar. O subsequente Tratado de Guadalupe Hidalgo, assinado em fevereiro de 1848, deu aos EUA todas as províncias do Novo México e da Califórnia em troca de 15 milhões de dólares — o mesmo preço pago quase 50 anos antes pelo Território da Louisiana, mas por muito mais terra. O México perdeu metade de sua massa terrestre, enquanto a terra que os EUA Estados Unidos obtiveram — o que formaria os estados de Arizona, Novo México, Nevada, Utah e Califórnia — que hoje constitui cerca de um quarto do país.

O formato moderno dos Estados Unidos começava a surgir. Dois anos antes, os EUA fizeram um acordo com a Grã-Bretanha sobre a fronteira norte e dividiram o Noroeste pelo paralelo 49. Isso removeu os britânicos do condado de Oregon, mas deu aos dois países acesso ao Estreito Juan de

À DIREITA: A Corrida do Ouro de 1849 na Califórnia foi seguida por outras descobertas de minerais em todo o Oeste: prata em Nevada, ouro no Colorado, cobre em Montana e zinco em Idaho. Aqui, garimpeiros lavam e garimpam para obter ouro no território de Dakota, em 1889.

## A CARAVANA DONNER

Ir para o oeste com o espírito pioneiro do "destino manifesto" — o conceito de meados do século de que a terra era um direito concedido por Deus aos Estados Unidos — não era, compreensivelmente, suficiente para garantir a chegada em segurança. Muitos pereceram na viagem por encontros hostis com os indígenas, por se afogar na travessia dos rios, por fome ou sede. Algumas das piores dificuldades foram enfrentadas pela Caravana Donner. Em maio de 1846, um comboio de famílias pioneiras com noventa adultos e crianças comandados por George Donner partiu de Independence, no Missouri, rumo à Califórnia, numa viagem de mais de 2.200 quilômetros. Em vez de usar a já estabelecida Trilha do Oregon, eles decidiram seguir a nova rota estabelecida pelo aventureiro e escritor Lansford W. Hastings, que atravessava os Montes Wasatch, no Utah, e o deserto do Grande Lago Salgado. Em vez de poupar tempo, como Hastings afirmava, isso acrescentou 240 quilômetros à viagem, de modo que já era novembro quando eles chegaram às montanhas da Sierra Nevada.

Como a neve caiu incomumente cedo, as famílias logo ficaram presas. Em busca de ajuda, um grupo com os dezessete membros mais fortes partiu para o forte de Sutter, perto de Sacramento, na Califórnia, a mais de 160 quilômetros. Com provisões para apenas seis dias, o máximo de que a caravana podia abrir mão, logo passaram fome. Quando os integrantes começaram a morrer, os outros recorreram ao canibalismo, e rotularam a carne humana para que ninguém comesse um parente. Depois de seis semanas atravessando as montanhas, apenas sete sobreviventes chegaram ao forte para pedir ajuda.

Os que ficaram nos acampamentos na montanha também canibalizaram os mortos, até que o grupo de resgate os encontrou na primavera. No total, 47 dos 90 integrantes originais da Caravana Donner sobreviveram à travessia.

A Califórnia podia ser generosa, mas chegar lá exigia, em grande parte, uma viagem através do desconhecido, confiando nas alegações infundadas de Hastings sobre um atalho. Mais tarde, J. Quinn Thornton, que fez parte da rota com a Caravana Donner, chamou Hastings de "barão de Munchausen dos viajantes".

**ACIMA: Perdidos na travessia das montanhas de Sierra Nevada no inverno de 1846, alguns integrantes da Caravana Donner começaram a morrer de fome. Depois, outros foram forçados a canibalizar os mortos para sobreviver.**

Fuca e permitiu que a Grã-Bretanha construísse um porto livre de gelo em Vancouver.

### A corrida do ouro

O impulso da população para oeste disparou com a descoberta de ouro na Califórnia, em 1848. Havia cerca de 10 mil habitantes, dois anos antes, na Califórnia; em 1849, eram 80 mil e, em 1860, havia 380 mil habitantes não indígenas. Contudo, nem todos os recém-chegados eram estadunidenses; em dois anos, foram para lá 25 mil chineses, além de latino-americanos, australianos e europeus.

Por não ser um estado ainda, a Califórnia era um lugar quase sem lei, o que permitia aos garimpeiros ocupar gratuitamente a terra que quisessem, em vez de comprá-la do governo como em outros locais. Dito isso, poucos garimpeiros enriqueceram; os mercadores astutos que os supriam tiveram melhor resultado. Por exemplo, Levi Strauss foi para o oeste com a intenção de vender lona para barracas, mas percebeu que a maior demanda era de calças duráveis de brim; além disso, apareceram lavanderias, pensões e bordéis para atender à nova população. Cidades prósperas surgiram rapidamente, e com a mesma rapidez podiam se tornar cidades-fantasmas, quando o minério de ouro se esgotava ou eram encontrados veios mais fáceis em outro lugar. Navios chegaram a ser abandonados pela tripulação no porto de São Francisco que, ao atracar, entrou na corrida. Com os navios abandonados atulhando o porto, muitos se avariaram, e a madeira foi usada em novas moradias na cidade em rápida expansão.

Mais uma vez, os americanos nativos sofreram quando os garimpeiros os expulsaram de suas terras ou permitiram que o lodo das minas contaminasse suas plantações. Isso causou conflitos violentos. Um dos mais sangrentos foi o Massacre da Ponte Gulch, em 1852, na Califórnia, no qual mais de 150 *wintus* foram mortos por cerca de 70 americanos comandados pelo xerife do condado de Trinity. Foi um ataque de vingança depois que os *wintus* mataram um coronel americano; mais tarde foi descoberto que os *wintus* que os americanos chacinaram não foram os responsáveis pela morte do coronel.

## O Compromisso de 1850

O crescimento da população da Califórnia causado pela Corrida do Ouro desfez mais uma vez o equilíbrio entre Norte e Sul. A população do Norte e do Oeste, mais urbanizados, crescia a um ritmo bem maior do que do Sul, os estados livres tinham mais cadeiras na Câmara de Representantes, pois as cadeiras se baseavam na quantidade populacional de cada estado. Em 1850, o senador John C. Calhoun, da Carolina do Sul, argumentou que se essa tendência se mantivesse, o Congresso dominado por estados livres forçaria o Sul a escolher "entre a abolição e a secessão". Ele estava certo.

**ACIMA: Apesar de protestos de abolicionistas quando a Califórnia entrou na União como estado livre, foi feita uma concessão aos estados escravistas: os escravizados fugidos capturados em estados livres teriam de ser devolvidos a seus senhores sulistas.**

Para evitar a abolição ou a secessão — pelo menos, por enquanto —, em 1850, quando a Califórnia entrou na União como estado livre, houve uma concessão ao Sul sob a forma da Lei de Escravos Fugidos. Os cidadãos foram proibidos de ajudar os escravizados fugidos, mas os estados do Norte teriam de ajudar a devolver aos senhores do Sul os que escapassem.

## Terra dos livres

Em 1850, os Estados Unidos se estendiam de leste a oeste, do Atlântico ao Pacífico; as fronteiras estavam determinadas; as cidades cresciam, a indústria prosperava. No entanto, a divisão entre Norte e Sul, entre estados escravistas e estados livres, ficou ainda mais arraigada com o avanço da primeira metade do século XIX. Logo, isso jogaria o país em uma guerra civil.

5TH WISCONSIN
VOL. INF.

4

# A GUERRA DE SECESSÃO

Dadas as antigas diferenças entre o Norte e o Sul a respeito da escravidão, a guerra já não é tão surpreendente quanto o fato de até agora não terem guerreado. Mas quando a guerra explodiu, foi tão sangrenta que foram perdidas mais vidas americanas do que nas duas guerras mundiais somadas.

Em 1848, na Geórgia, uma mulher escravizada chamada Ellen Craft cortou o cabelo curto, vestiu roupas masculinas e, por ter a pele suficientemente clara para se passar por branca, fingiu ser um cavalheiro branco adoentado que ia fazer tratamento médico no norte. Para completar o quadro, quem "o" acompanhava era um escravizado negro, na verdade William, marido de Ellen. Dessa maneira, Ellen e William Craft fugiram para a liberdade. Sua história é uma das mais extraordinárias e celebradas sobre fuga da escravidão; no século XIX, várias centenas de escravizados fugiram anualmente para o norte, ajudados pela *underground railroad*, a "ferrovia subterrânea" de simpatizantes.

Os Craft se instalaram em Boston, onde William foi trabalhar como marceneiro. No entanto, dois anos depois da fuga, a Lei de Escravos Fugidos foi aprovada e o ex-dono dos Craft enviou dois representantes para recapturá-los. Como os negros e brancos de Boston se opunham veementemente à escravidão o casal foi protegido, e os agentes, hostilizados nas ruas. Depois de alguns dias, os perseguidores desistiram. Para alguns, essa era a "lei da

PÁGINA AO LADO: **Durante a Guerra de Secessão, o Norte tinha população maior, mais indústrias, controle da Marinha americana e mais do que o triplo de homens brancos em idade militar. Já o Sul tinha algum apoio internacional, notadamente da Grã-Bretanha.**

À DIREITA: A mulher escravizada Ellen Craft, disfarçada de homem branco adoentado, como parte do plano dela e do marido para fugir para Boston, em 1848. Quando agentes foram enviados para recapturá-los, os Craft foram protegidos por negros livres e brancos simpatizantes.

turba", contudo, o presidente Millard Fillmore condenou as ações dos bostonianos. Enquanto isso, os amigos dos Craft os ajudaram a embarcar num navio para a Inglaterra.

O casal escapou novamente, porém, na década de 1850, houve 332 casos de supostos ex-escravizados devolvidos ao Sul à força. Alguns haviam fugido para o norte anos antes; mas, em fevereiro de 1851, um homem foi arrancado da mulher e da família no sul de Indiana e devolvido a um dono que afirmava que ele era um escravo que havia fugido quase vinte anos antes. Cabia ao homem o ônus da prova: ele teria de provar que era livre, não os agentes, que não precisavam provar que aquele era o escravizado que buscavam. Em resposta à nova lei, muitas pessoas das comunidades negras do norte fugiram para o Canadá; estima-se que 3 mil mudaram-se para lá só em 1850.

## Protestos violentos

"*Guerra Civil: o primeiro golpe foi dado*", dizia a manchete de um jornal de Lancaster, na Pensilvânia, em setembro de 1851 — mais de uma década antes do início da Guerra de Secessão. A reportagem falava de um homem que se aventurou pelo norte para recuperar dois escravizados e foi morto a tiros ao enfrentar a resistência armada de 24 negros livres. Para o Sul, foi um ato de insurreição apoiado por fanáticos e o presidente Fillmore mandou os fuzileiros navais para lá. Embora vários negros e brancos tenham sido presos, mais tarde os processos foram abandonados.

À DIREITA: Recompensa de quinhentos dólares oferecida por um escravizado fugido do Missouri chamado "Aaron" ou "Ape". Ape significa grande macaco. Na década de 1850, houve 332 casos de supostos ex-escravizados nos estados livres devolvidos à força para o Sul, de acordo com a Lei de Escravos Fugidos.

Não que o Norte fosse totalmente a favor da abolição. Os ex-escravizados que iam para as comunidades livres das cidades nortistas foram várias vezes atacados por multidões, como em Providence, em Rhode Island, em 1831; uma década depois, a população negra foi expulsa de Cincinnati.

Embora os defensores sulistas da escravidão argumentassem que os escravizados eram cuidados até o fim da vida, ao contrário dos assalariados que corriam o risco de desemprego e até de fome, o movimento abolicionista continuou a crescer no Norte entre brancos e negros.

Nem tudo era claro para alguns abolicionistas. Mesmo que a escravidão fosse considerada uma abominação moral, o interesse próprio podia complicar os sentimentos antiescravistas. Alguns se preocupavam com a disseminação da escravidão, o que resultaria em mais escravos fugindo para os estados livres e, portanto, competindo por empregos e baixando os salários. Surgiam as perguntas: os estados escravistas desenvolveriam indústrias mais competitivas do que os do Norte? Ou as fazendas com escravizados se estabeleceriam no Oeste para rivalizar com as fazendas livres? O debate fervia entre os estados.

**ABAIXO: O caso de Dred Scott, que entrou na justiça para obter sua liberdade, provocou escândalo e aprofundou as tensões entre o Norte e o Sul quando ela lhe foi negada pela Suprema Corte em 1857.**

## O Kansas sangra

O Compromisso do Missouri de 1820 afirmava que, em todos os estados ao norte dos 36 graus e 30 minutos de latitude, a escravidão estava proibida, mas na década de 1850 isso não era cumprido. O novo Compromisso de 1850 permitiu que o Território de Utah, que ficava inteiramente ao norte da linha imaginária dessa coordenada escolhesse se seria ou não um "estado livre". E foi isso que a Califórnia — quase toda ao sul da linha — escolheu quando entrou na União.

Em 1853, a Lei Kansas-Nebraska do senador democrata Stephen A. Douglas permitiu que os novos territórios do Kansas e do Nebraska, ambos ao norte da linha e tomados de território indígena antes considerado "permanente", resolvessem a questão dos escravizados por voto popular. No Norte, muitos temeram que a escravidão se expandiria pelo Oeste.

Em reação a essa iniciativa, surgiu um novo ator político, o Partido Republicano. Enquanto os *whigs* e democratas tinham apoio no Norte e no Sul, os republicanos se dedicavam a impedir o avanço da escravidão. Com o tempo, Abraham Lincoln, ex-congressista *whig* e advogado que trabalhava em Illinois, entrou para o partido.

Com a ida de facções pró e contra a escravidão para o Kansas, com o intuito de virar o estado para seu lado, um conflito violento explodiu, e as forças pró-escravidão queimaram a cidade livre de Lawrence em 1856. Em resposta, o abolicionista John Brown, de Massachusetts, comandou um grupo que matou cinco colonos pró-escravidão perto de Pottawatomie Creek, no condado de Franklin. Antiabolicionistas armados ocuparam as seções eleitorais e colocaram votos fraudados na urna para eleger um legislativo pró-escravidão; assim, as guerrilhas logo se espalharam pelo estado, resultando em duzentas mortes.

**"Antiabolicionistas armados ocuparam as seções eleitorais e puseram na urna votos fraudados."**

A questão era: a Suprema Corte poderia reforçar e reforçaria o Compromisso do Missouri? Infelizmente, não. Em 1857, surgiu o caso de Dred Scott. Como escravo levado para o território livre de Minnesota, ele estava livre, portanto, isento de ser vendido como gado? A Suprema Corte decidiu que, além de Scott não ser livre, o Congresso não tinha o direito de proibir a escravidão nos territórios; e como não cidadão, Scott não tinha o

direito de processá-los. Com essa decisão, a escravatura teve liberdade para se expandir. O Compromisso do Missouri foi rejeitado.

## O corpo de John Brown

Fanático? Assassino? Profeta? Os protestos violentos de John Brown contra a escravidão foram condenados por alguns, tanto no Norte quanto no Sul. Sua ação final foi tentar criar zonas liberadas nas montanhas da Virgínia Ocidental: em outubro de 1859, ele levou dezoito seguidores, cinco deles negros, contra um arsenal federal em Harper's Ferry, na esperança de provocar uma revolta de escravizados. O ataque virou uma bagunça; em dois dias, a maioria de seus homens foi morta ou capturada. Ele foi condenado à pena de morte, o que, inevitavelmente, o transformou em mártir da causa abolicionista.

**"O ataque de John Brown foi uma bagunça e a maioria de seus homens logo foi morta ou capturada."**

As tensões aumentaram por todo o país em 1860, com ataques de multidões a suspeitos de abolicionismo e boicote de mercadorias nortistas, enquanto no Texas uma revolta de justiceiros resultou na morte de cem possíveis dissidentes. Em novembro daquele ano, o candidato republicano Abraham Lincoln ganhou a eleição presidencial — praticamente sem cadeiras no Sul, o que não surpreende. Com um partido antiescravista no poder, a Carolina do Sul saiu da União, seguida por outros estados sulistas: Mississipi, Alabama, Louisiana, Geórgia, Flórida e Texas; e, em fevereiro de 1861, nasceram os Estados Confederados da América.

## O presidente Lincoln

O mandato de Lincoln, além de terminar em assassinato, começou com a tentativa de evitar um. Por temer um ataque dos justiceiros pró-escravidão antes da posse, ele se disfarçou de inválido para viajar num trem especial pela Filadélfia e Baltimore, e chegou à capital para a cerimônia antes do amanhecer. Foi um começo pouco promissor para um presidente que veria a União ser dilacerada e depois reformulada como livre para todos os negros.

Não que Lincoln fosse um abolicionista dogmático. Suas duas metas básicas na guerra eram impedir que a escravatura continuasse a se expandir para oeste e preservar a União. "Não tenho propósito direto ou indireto de interferir na instituição da escravidão nos estados onde ela existe", disse em seu discurso de posse em março de 1861. "Não somos inimigos", disse sobre a Confederação, "mas amigos", embora a nova Confederação já tivesse escolhido Jefferson Davis como seu presidente.

**PÁGINA AO LADO: John Brown foi considerado culpado de homicídio, de traição à Commonwealth da Virgínia e de incitar uma revolta de escravizados. Embora seja condizente com seu caráter, é mito que ele tenha beijado uma criança negra enquanto ia para a força.**

## Ir à guerra

Em termos estatísticos, o Norte tinha uma vantagem enorme sobre o Sul. Com o dobro da população, tinha muito mais indústrias, mais ferrovias, 75% das terras aráveis do país, 16 mil soldados no exército e noventa navios de guerra. Em resumo, controlava 75% da riqueza do país.

A única esperança para os sete primeiros estados confederados era obter ajuda do Sul superior — os estados mais ao norte e industrializados —, especificamente da Virgínia. Dessa maneira, eles conseguiriam arrastar o conflito por tempo suficiente para o Norte se cansar da guerra e ceder à secessão.

## ESCRAVOS NA CAPITAL

Na década de 1840, no Distrito de Colúmbia (D.C.), onde está Washington, ainda havia um próspero mercado de escravizados na cidade de Alexandria. Com medo da abolição, os moradores pró-escravidão fizeram uma petição para a Virgínia tomar a terra de volta, inclusive Alexandria, doada para ajudar a formar o distrito na década de 1790. Com a concordância do Congresso, em julho de 1846 a terra foi devolvida à Virgínia.

O Compromisso de 1850 aboliu o comércio de escravizados no distrito de Colúmbia, mas não a escravidão, que durou até a Guerra de Secessão, quando, em 1862, os escravizados foram emancipados e seus senhores receberam até trezentos dólares por negro liberto. Cada escravizado recém-libertado recebia cem dólares se escolhesse se instalar em lugares como Haiti ou Libéria. Persistia a ideia de que os EUA eram uma sociedade branca e que os negros estariam melhor no exterior. Alguns negros também foram indenizados como donos de escravizados, por terem comprado seus familiares de outros donos. No total, 3.185 escravizados do distrito de Colúmbia foram libertados.

No entanto, mesmo num conflito em torno da escravidão, as questões nem sempre eram nítidas: Kentucky, Maryland e Missouri eram estados fronteiriços da União, onde também havia pessoas escravizadas. E, em áreas do Sul com poucos ou nenhum escravo, como os montes Apalaches, havia um sentimento unionista.

### Primeiro sangue

Os tiros que iniciaram a guerra vieram de um bombardeio da artilharia de Charleston, na Carolina do Sul, contra o Forte Sumter, propriedade federal comandada pelo major Robert Anderson. Com poucos suprimentos, Anderson só aguentou um dia e meio, e teve de se render.

À DIREITA: Soldados confederados ocuparam o Forte Sumter, em Charleston, na Carolina do Sul, depois da rendição do exército da União logo no primeiro combate. Essa vitória foi fundamental para os confederados, pois convenceu o estado mais industrializado da Virgínia a ficar do lado deles.

A queda do Forte Sumter foi suficiente para convencer a Virgínia a se unir à Secessão. Arkansas, Carolina do Norte e Tennessee vieram em seguida, formando um total de onze estados confederados. Mas quem os comandaria?

Lincoln tinha oferecido o comando do exército da União a Robert E. Lee, mas este sentiu sua lealdade dividida: embora dedicado à União, era da Virgínia. Depois de muita angústia, ele renunciou ao posto no exército da União e foi para Richmond, a nova capital confederada da Virgínia, ao sul, e a pouco mais de 160 quilômetros de Washington. Lá, aceitou o comando do exército confederado.

## Bull Run

A primeira batalha de verdade da Guerra de Secessão ocorreu em julho de 1861, no riacho Bull Run, a 40 quilômetros de Washington. Com os soldados despreparados da União — muitos perto do fim do período de 90 dias para o qual tinham se alistado — a batalha logo se transformou em derrota quando os confederados avançaram. Muitos soldados da União se afogaram tentando atravessar o riacho Bull Run; foi uma derrota humilhante para a União. Mas Bull Run (ou Manassas, como a batalha também é conhecida) forçou o Norte a levar a guerra mais a sério.

> **"Morreram mais americanos em Shiloh do que em todas as guerras anteriores do país somadas."**

## Grant e Shiloh

A União havia perdido Robert E. Lee quando a guerra começou. Ulysses S. Grant, que se tornaria o outro grande líder da guerra, nem estava no exército da União, muito menos comandava uma unidade. Grant era um ex-soldado expulso do exército por bebedeira; sem encontrar outro propósito

A Batalha de Shiloh, no Tennessee, em abril de 1862, começou como um desastre para os unionistas, surpreendidos pelas forças confederadas. Entretanto, depois de receber reforços durante a noite, na manhã seguinte os unionistas expulsaram os confederados, que estavam exaustos da batalha do dia anterior.

ACIMA: **"Se meu nome entrar para a história, será por este ato, e toda a minha alma está nele", disse Abraham Lincoln sobre a Proclamação de Emancipação que, anunciada em setembro de 1862, prometeu a libertação dos negros nas áreas ocupadas pelos rebeldes.**

na vida, vendia artigos de couro na loja do pai em Illinois. Agora o exército precisava dele de volta.

Em 1862, Grant já era brigadeiro-general e fez seu nome na Batalha de Shiloh, no Tennessee — embora a situação não começasse boa para ele. Na primeira manhã da batalha, em 6 de abril, os confederados surpreenderam os unionistas, que foram forçados a recuar em desordem. Foi um desastre para o Norte. No entanto, milhares de reforços chegaram durante a noite e, na manhã seguinte, foi a vez de os unionistas expulsarem os exaustos confederados do campo de batalha. O número de baixas foi imenso: cerca de 13 mil soldados da União morreram, enquanto os confederados perderam cerca de 10.500. Na verdade, morreram mais americanos em Shiloh do que em todas as guerras anteriores do país somadas.

Apesar da vitória da União em Shiloh, no verão a situação parecia tão promissora para o Sul que Lee invadiu o Norte, na esperança de fazer a Grã-Bretanha reconhecer a Confederação. Se, como disse Lincoln, a guerra era para preservar a União e não para libertar escravos, a secessão seria considerada internacionalmente uma luta pela independência de um império autoritário. Além disso, a Grã-Bretanha dependia do algodão das grandes plantações para alimentar sua indústria têxtil e já era suficientemente simpática à causa para permitir que os confederados construíssem navios de guerra em estaleiros britânicos.

No entanto, o avanço de Lee em Maryland encontrou os unionistas mais preparados do que esperado. Na Batalha de Antietam (Sharpsburg), em 17 de setembro, os soldados da União foram vitoriosos. No entanto, as baixas foram altíssimas nos dois lados; a soma de mortos e feridos chegou a 23 mil homens, ou seja, foi o dia de batalha mais sangrento da história americana. Agora, o exército de Lee estava fraco demais para continuar a campanha. Fortalecido, Lincoln elevou o conflito a algo mais do que preservar a União.

## A emancipação proclamada

Antes de Antietam, havia a possibilidade de que os estados de fronteira entrassem para a Confederação, mas agora os unionistas tinham uma base mais forte. Cinco dias depois da batalha, Lincoln fez uma proclamação preliminar de emancipação dos escravizados e prometeu libertar os negros a partir de 1º de janeiro de 1863. Em termos internacionais, esse foi o dobre fúnebre de qualquer apoio possível à Confederação; a Grã-Bretanha talvez apoiasse o Sul em nome da liberdade, mas definitivamente não enviaria soldados para defender a escravidão.

O presidente confederado Jefferson Davis chamou a proclamação de "medida pela qual vários milhões de seres humanos de uma raça inferior, trabalhadores pacíficos e satisfeitos em sua esfera, são condenados ao extermínio e, ao mesmo tempo, incentivados ao assassinato geral de seus senhores". Talvez essa fosse uma resposta esperada. No entanto, Lincoln teve outras preocupações quando, num revés no Norte, centenas de soldados desertaram e, nas eleições de 1862, os democratas que pressionavam pela paz com os confederados conseguiram 32 cadeiras no Congresso.

**"Antietam foi o dia de batalha mais sangrento da história americana."**

Entretanto, no Sul, em geral, o sistema escravista já começava a desmoronar; com os senhores brancos distantes na luta, muitos escravizados fugiram para o norte ou entraram em operação-tartaruga. Para manter a ordem, quando o alistamento obrigatório foi adotado no Sul, os que possuíam mais de vinte escravizados ficaram isentos.

## Soldados negros no exército da União

Em janeiro de 1863, Lincoln deu um passo adiante e declarou que os escravos libertos seriam recebidos nas forças armadas da União. Embora, em parte, sua motivação fosse resolver a falta de efetivo, esse ato teve ramificações mais amplas. "Quando se deixa o negro ter sobre sua pessoa a letra de latão", disse o ex-escravizado e abolicionista Frederick Douglass, "não há poder na Terra que negue que ele conquistou o direito à cidadania".

Os negros livres e os ex-escravizados correram para se alistar e, até o fim da guerra, formavam um décimo do exército da União. Não surpreende que as desigualdades permanecessem e, até que se queixassem, os soldados negros recebiam três dólares menos do que os brancos, sofriam

**ABAIXO: Em 1863, afro-americanos foram aceitos nas forças da União. No fim da guerra, mais de 200 mil serviam no exército e na marinha.**

discriminação e, em geral, lutavam em unidades segregadas e nos postos inferiores. Além disso, se fossem capturados pelos confederados, podiam ser julgados como insurrecionistas escravos, crime punido com pena de morte.

## A Batalha de Gettysburg

Depois de uma derrota arrasadora das forças da União em Fredericksburg, na Virgínia, em dezembro de 1862, o general Lee teve uma primavera de sucesso em 1863. Ele contornou o exército da União até se aventurar no Norte e invadir a Pensilvânia. Os civis negros que os confederados encontraram foram enviados como escravos para o Sul.

No entanto, o exército de Lee encontrou as forças da União do general George Meade perto de uma cidadezinha chamada Gettysburg. Na preparação para a batalha, Meade instalou a linha da União em elevações. Era uma posição forte, mas Lee, cheio de confiança depois das vitórias recentes, não se intimidou. Após dois dias de combates esporádicos, em 3 de julho Lee ordenou que seus homens avançassem rumo à linha da União, embora isso significasse atravessar um quilômetro e meio de campo aberto contra um inimigo entrincheirado em terreno mais alto e apoiado por artilharia. Quando os confederados avançaram, os soldados da União esperaram com as armas carregadas até o inimigo chegar a duzentos metros deles. Nessa altura, dispararam 1.700 fuzis ao mesmo tempo, apoiados por onze canhões. Praticamente nenhum soldado confederado chegou às linhas da União — e só metade dos 15 mil homens que avançaram voltaram à sua própria linha. Além de perderem a batalha, depois daquele dia, as forças de Lee foram incapazes de prosseguir na campanha. Finalmente, voltaram à Virgínia.

**"Com apenas 272 palavras, Lincoln redefiniu a guerra no Discurso de Gettysburg."**

## O discurso de Gettysburg

A remoção dos corpos de Gettysburg levou meses, e naquele mês de novembro foi construído um cemitério especial para os mortos da União. Edward Everett, orador muito elogiado, fez um discurso de duas horas, e depois pediram a Lincoln que fizesse "algumas observações apropriadas". No total, ele proferiu 272 palavras, inclusive essas: "o mundo pouco notará ou não se lembrará por muito tempo do que dizemos aqui". Quanto a isso, ele estava errado. No Discurso de Gettysburg — como sua fala passou a ser conhecida — do início "Há quatro vicênios e sete anos" até o encerramento sobre o "governo do povo, pelo povo e para o povo", Lincoln redefiniu a guerra. Ele não mencionou nenhuma vez a União e a Confederação, mas disse "nação" cinco vezes — palavra

**ABAIXO: Proferido na inauguração de um cemitério para os mortos da União em novembro de 1863, o Discurso de Gettysburg de Lincoln reafirmou a liberdade como base da república e proclamou que o "renascimento da liberdade" traria igualdade a todos os cidadãos do país.**

não usada na Declaração de Independência, que se referia a "estados livres e independentes". Também fundamentou o discurso nos valores da Guerra de Independência americana, uma luta por igualdade e liberdade, sem falar especificamente sobre escravidão. Como observou o historiador James M. McPherson, foi depois do Discurso de Gettysburg que as pessoas praticamente deixaram de dizer "*The United States are*" (os Estados Unidos são) e passaram a preferir "*The United States is*" (o Estados Unidos é).

## SUBMARINOS E BALÕES

**ACIMA: Balão de observação em Seven Pines, na Virgínia, em maio de 1862. Com o balão conectado aos fios do telégrafo, as posições inimigas podiam ser transmitidas aos comandantes.**

Na Guerra de Secessão, houve vários avanços tecnológicos que mudariam a forma de travar uma guerra. Por exemplo, o número imenso de baixas em Antietam, em 1862, deveu-se aos novos fuzis muito mais precisos, com alcance quatro vezes maior do que os antigos mosquetes.

O conflito também prefigurou a Primeira Guerra Mundial, com batalhas arrastadas travadas em trincheiras, como em Vicksburg, no Mississipi (de maio a julho de 1863), em que os confederados foram forçados a se render pela fome, e em Petersburg, na Virgínia (de junho de 1864 a março de 1865).

Na guerra naval, o conflito viu os primeiros navios couraçados — a vapor, com casco de ferro. O USS Monitor é famoso pelo papel central na Batalha de Hampton Roads, na Virgínia, em março de 1862, por ter sido o primeiro couraçado a enfrentar e derrotar outro, o CSS Virginia. Com uma torreta giratória, o projeto do Monitor daria origem a um tipo de navio de guerra com esse nome.

Embora pareçam invenção do século XX, os primeiros submarinos também tiveram um pequeno papel no conflito. O CSS Hunley era um submarino de 12 metros, com uma tripulação de sete marinheiros que giravam a manivela da hélice. Com velocidade máxima de 7,4 km/h e armado com um torpedo, em fevereiro de 1864, o Hunley atacou e afundou o navio USS Housatonic, que participava do bloqueio de Charleston pela União. No entanto, no caminho de volta o Hunley afundou e todas as vidas se perderam.

As tecnologias existentes também foram usadas militarmente. Os balões de ar quente subiam acima do campo de batalha; assim, com fios conectados a linhas telegráficas presos no balão, as posições podiam ser transmitidas de volta aos comandantes.

Também ocorreram progressos não militares. A União criou o primeiro imposto sobre a renda do país e emitiu o primeiro papel-moeda para suportar o conflito com menos inflação do que o Sul. A guerra também levou à revogação de algumas liberdades americanas: foi permitida a prisão sem julgamento, e impôs-se a lei marcial nas áreas em guerra, tanto no Norte quanto no Sul.

## A BATALHA DE FORTE PILLOW

Em abril de 1864, o general confederado Bedford Forrest levou suas tropas para atacar Forte Pillow, no Tennessee, onde a guarnição da União consistia de 585 homens, metade deles negros. Embora em ambos os lados alguns tenham afirmado que o exército da União não cedeu e lutou até o fim, a opinião majoritária entre unionistas e confederados foi que a batalha se transformou num massacre quando o exército da União se rendeu.

Os confederados só sofreram 14 baixas fatais, mas a União perdeu 277 homens, 80% deles negros. Mais negros morreram na luta simplesmente por sua posição no forte? Ou foi porque temendo a escravização caso se rendessem, eles lutaram até a morte? Ou foram especificamente alvejados pelos confederados? Alguns com certeza se renderam; um soldado confederado, numa carta para casa logo depois da batalha, escreveu que os "negros delirantes corriam até nossos homens, caíam de joelhos e, com as mãos erguidas, clamavam por misericórdia; mas ordenaram-lhes que se levantassem e então foram fuzilados". Eles teriam fuzilado um soldado branco da União que se rendesse?

Lincoln discutiu o massacre com seu gabinete para saber se baixava uma Ordem de Retaliação, pela qual qualquer prisioneiro de guerra confederado seria executado se um prisioneiro da União fosse morto, ou posto em trabalhos forçados caso um soldado da União fosse escravizado.

No fim, nada se fez, embora o Comitê Conjunto sobre a Conduta na Guerra investigasse os eventos. No Sul, o general Forrest viu as baixas de Forte Pillow como demonstração "ao povo nortista de que soldados negros não são páreo para os sulistas". Mais tarde, ele se tornou Grande Mago da Ku Klux Klan.

À ESQUERDA: Em Forte Pillow, 80% dos mortos da União eram negros, embora representassem metade das tropas unionistas presentes.

## Os distúrbios de Nova York

John D. Rockefeller, J. P. Morgan e Andrew Carnegie começaram a ganhar fama durante a Guerra de Secessão nos negócios, não no campo de batalha. Com a adoção do alistamento obrigatório no Norte, na primavera de 1862, os três pagaram legitimamente 300 dólares para ficarem isentos do serviço militar. Carnegie pagou 850 dólares a um imigrante irlandês para ocupar seu lugar.

A desigualdade das leis de alistamento obrigatório não deixaram de ser notadas e, semanas depois da vitória de Gettysburg, tumultos explodiram em Nova York. Talvez também como expressão do cansaço da guerra, mais de cem pessoas foram mortas quando multidões, principalmente irlandesas, atacaram a população negra, os abolicionistas e os postos de alistamento. Outros ataques se espalharam pelo Norte.

**ABAIXO: Revoltas explodiram em Nova York, em julho de 1863, para protestar contra a injustiça da lei de convocação, pela qual os ricos poderiam pagar pela isenção. Postos de alistamento, negros e abolicionistas foram atacados, deixando pelo menos cem mortos.**

## Aproximação de Atlanta

Em retrospecto, Gettysburg pode ser considerado um ponto de virada na guerra, porém de modo algum a vitória do Norte estava certa. Agora, Ulysses S. Grant estava no comando dos exércitos da União e buscava a vitória na Virgínia; mas, em junho de 1864, milhares se perderam em Cold Harbor num ataque às trincheiras confederadas, com 6 mil mortos numa única hora. No mesmo mês, a União sofreu 50 mil baixas, entre mortos e feridos em outras batalhas, e os arredores de Washington foram atacados. Em Petersburg, a campanha de Grant se transformou em nove meses de guerra de trincheiras, com linhas que se estendiam por mais de 48 quilômetros até os arredores de Richmond.

Não surpreende que, no verão de 1864, Lincoln não achasse que se reelegeria em novembro. Na verdade, a força do general William Tecumseh Sherman o salvou. A partir do Tennessee, Sherman sitiou Atlanta e depois a incendiou. Depois, continuou com a política de terra arrasada até chegar ao litoral. A melhora do moral com o sucesso de Sherman ajudou Lincoln a se reeleger.

**"Em Petersburg, a campanha de Grant se transformou em nove meses de guerra de trincheiras."**

## Soldados escravos confederados

Em 1864, o Sul desmoronava internamente. O bloqueio nortista das importações europeias fez efeito; a impressão de dinheiro causava inflação crescente; os soldados famintos começaram a desertar. O resultado foi que, no início de 1865, os confederados começaram a pensar o impensável: deveriam pôr os escravizados no exército em troca da oferta de liberdade? Durante quatro anos, eles lutaram para preservar a escravidão; agora, sugeria-se que os libertassem. Os sulistas ficaram amargamente divididos

ACIMA: Enforcamento, na Prisão de Arsenal, de quatro colegas que conspiraram com John Wilkes Booth para assassinar o presidente Lincoln (Washington, 7 de julho de 1865).

sobre a questão, e o general Lee era favorável a fazer os escravizados servirem. "Temos de decidir se a escravidão será extinta por nossos inimigos e os escravos usados contra nós", disse ele, "ou se nós mesmos os usamos e corremos o risco dos efeitos". É claro que, ao fazer dos negros soldados, como argumentou Frederick Douglass no Norte, eles também se tornariam cidadãos. Como ressaltou o general Howell Cobb, da Geórgia: "Se os escravos forem bons soldados, toda a nossa teoria da escravidão estará errada". O desespero venceu a discussão: os negros foram aceitos no exército confederado em março.

Dois meses antes, Lincoln conseguiu aprovar no Congresso a Décima Terceira Emenda, que deu fim à escravidão com uma diferença de apenas dois votos. Muitos defendiam a escravidão como parte de seu direito constitucional; mas agora a Constituição foi alterada e os que poderiam fazer objeção, os sulistas, não faziam mais parte do Congresso para protestar.

## Appomattox

Em abril, os confederados não conseguiram mais defender Richmond, sua capital. Foram acesas fogueiras para queimar documentos do governo, e depósitos de suprimentos foram incendiados. As forças confederadas abandonaram a cidade; em 4 de abril, Lincoln entrou nas ruínas fumegantes e foi saudado com vivas por uma multidão negra. Cinco dias depois de uma breve batalha na aldeia de Appomattox Court House, o general Robert E. Lee se rendeu.

**"Entre 620 e 750 mil vidas se perderam na Guerra de Secessão."**

## UM PAÍS INDÍGENA

Como ocorreu na Guerra de Independência, cerca de 29 mil americanos nativos, lutaram nos dois lados na Guerra de Secessão. Mais uma vez sofreram muito, com mais de 10 mil mortes. Embora o Sul os expulsasse para o Oeste, em geral as "cinco tribos civilizadas" mantiveram laços fortes com os estados sulistas e voltaram sua hostilidade contra a União. No entanto, os *cherokees* se dividiram e acabaram travando sua própria guerra civil. A disputa original era entre o chefe John Ross e Stand Watie, ambos donos de escravizados que representavam populações *cherokees* diferentes: os seguidores de Ross eram mais pobres; os de Watie, fazendeiros mais ricos. Watie se tornou general-brigadeiro da Confederação, enquanto os homens de Ross, comandados por seu sobrinho John Drew, desertaram para o Kansas unionista em 1862. No ano seguinte, Ross se uniu a eles e libertou seus escravos.

As forças de Watie travaram muitas batalhas vitoriosas contra *creeks* e *cherokees* unionistas. No entanto, depois da guerra, as terras *cherokees* ficaram em ruínas e, sem estrutura do governo, os indígenas tornaram-se violentos e anárquicos.

ACIMA: Stand Watie, *cherokee* dono de escravos, tornou-se general confederado na guerra e só se rendeu em junho de 1865.

Em 14 de abril, Lincoln e sua esposa Mary sentaram-se no camarote presidencial do Teatro Ford, em Washington, para assistir a uma comédia. Durante a peça, o presidente levou um tiro na nuca à queima-roupa de John Wilkes Booth. Depois, o assassino pulou no palco e gritou "*Sic semper tyrannis!*" ("É sempre assim para os tiranos") — o lema da Virgínia — antes de fugir. Booth, um ator que participava de uma conspiração para salvar a Confederação, foi encontrado doze dias depois e, como se recusou a se render, foi morto a tiros.

Um dia nacional de luto marcou o funeral de Lincoln. Depois, o caixão começou a longa viagem sinuosa de volta à sua cidade natal de Springfield, em Illinois, sendo exposto nas cidades pelo caminho. Estima-se que, na Filadélfia, meio milhão de pessoas foram lhe prestar homenagens.

### Lar dos bravos

No total, perderam-se de 620 mil a 750 mil vidas na Guerra Civil, e centenas de milhares de homens ficaram aleijados. Embora grande parte dos estados do Sul ficasse intocada pela luta, Atlanta e Richmond estavam em ruínas, assim como muitas fazendas. O Sul se separou da União pela escravidão e voltar a ela exigiria aceitar a Décima Terceira Emenda.

Lincoln foi um abolicionista moderado e, originalmente, não era favorável à igualdade entre as raças. Em 1858, ele se declarou oposto à "igualdade social e política das raças branca e negra [...] a tornar os negros eleitores ou jurados, a se casar com pessoas brancas".

Lincoln conseguiu libertar os escravizados. Mas, morto no auge de suas realizações, escapou do fardo de restaurar a União e fazer a emancipação funcionar.

THE LOST CAUSE
N.B.F.
C.S.A
COLORED
ORPHAN
ASYLUM
SCHOOL

# 5

# LIBERDADE E FECHAMENTO DA FRONTEIRA

No Sul, os escravizados estavam livres, mas a liberdade ergueria novas barreiras. No Norte, a exploração dos trabalhadores e a corrupção ajudaram a indústria a se expandir; e no Oeste, os dias de selvageria estavam chegando ao fim.

**PÁGINA AO LADO: Cartaz de campanha de 1868 que retrata o Partido Democrata contrário à Reconstrução e aos direitos dos negros, e favorável aos interesses dos americanos de origem irlandesa (à esquerda), dos confederados sulistas representados por Nathan Bedford Forrest (ao centro) e dos empresários nortistas representados pelo financista August Belmont (à direita).**

Um terço do Sul foi muito prejudicado pela Guerra de Secessão, mas o resto ficou praticamente intocado. Agora, o grande desafio era reconciliar politicamente o Sul e o Norte e criar uma nova economia não mais fundamentada na mão de obra escravizada. Como era impossível julgar todos os confederados como traidores, ficou combinado que os estados seriam readmitidos na União assim que uma determinada proporção de seus cidadãos fizesse o juramento de lealdade aos Estados Unidos. Até o fim de 1865, o Sul tinha governos estaduais baseados nesses princípios.

Os escravizados libertos estavam felizes por sair das grandes plantações, mas 4 milhões de homens e mulheres livres, condicionados à escravidão durante a vida inteira, precisavam encontrar seu caminho pelo mundo sem possuir propriedades nem educação e com pouco ou nenhum dinheiro. O antigo abolicionista Frederick Douglass disse que o ex-escravizado era “livre do senhor individual, mas escravo da sociedade”.

Embora a Décima Terceira Emenda libertasse os escravizados, em poucos meses a maioria dos estados do Sul aprovou leis que visavam manter os negros dependentes deles. Negaram-lhes o direito de voto e o de servir em júris e testemunhar contra brancos; e a Segunda Emenda também lhes foi negada — isto é, não tinham o direito de portar armas.

Para neutralizar o comportamento dos estados, o Congresso aprovou a Lei dos Direitos Civis, que deu plena cidadania aos negros e se tornou permanente na Décima Quarta Emenda de junho de 1866. Dez anos antes, a Suprema Corte havia declarado que Dred Scott e todos os outros negros não eram cidadãos. Agora, de acordo com a legislação americana, "todas as pessoas nascidas ou naturalizadas nos Estados Unidos são cidadãos".

**"Mais de 3 mil pessoas, principalmente negras, foram mortas ou feridas em batalhas e massacres na Louisiana."**

Ainda dominado pelos estados do Norte, em 1867 o Congresso aprovou leis para dissolver os governos estaduais do Sul e colocou a região sob domínio militar pacífico até ser decidido que estavam cooperando. Com tanto apoio, todos os legislativos estaduais sulistas tiveram, pela primeira vez, membros negros. No exemplo mais extremo, em 1873, dos 123 parlamentares da Câmara de Representantes da Carolina do Sul, 100 eram negros. Nas eleições, os negros podiam votar, porém os brancos que tinham apoiado a Confederação, não. Por algum tempo, o voto dos negros foi mais numeroso que o dos brancos. E foi criada a educação pública gratuita para todas as pessoas no Sul.

### Ku Klux Klan

A reconstrução do Sul se transformou numa grande oportunidade de reforma política, mas também, para alguns, de especulação. Os *carpetbaggers* — "portadores de bolsa de tapete" — eram nortistas que só tinham uma mala e ficavam numa cidade tempo suficiente para dar um golpe em alguém; os *scalawags* eram viajantes do Sul que exploravam os cargos públicos sulistas com corrupção e suborno.

Logo a oposição ao domínio republicano, principalmente onde bandidos e estelionatários haviam se instalado, levou ao surgimento da Ku Klux Klan em 1866, no Tennessee. Com integrantes vestidos de túnica e capuz branco, a Klan buscava aterrorizar os negros e os partidários brancos do Partido Republicano e, assim, pôr um democrata na Casa Branca. Em cinco anos, a Klan se tornou ilegal, mas nesse período ampliou seu propósito para incluir o papel de polícia, juiz, júri e carrasco. Quando o ex-escravizado Cy Guy foi acusado de fazer um "insulto escandaloso" a uma mulher branca em Orange County, na Carolina do Norte, a Klan foi atrás dele. "Julgaram ele lá na floresta", recordou o ex-escravizado Ben Johnson. Depois, enforcaram-no e escreveram com o sangue do próprio Guy que "qualquer preto que descer o corpo também será enforcado". Só depois de quatro dias o xerife removeu o corpo.

**ACIMA: Cartum político de 1868, publicado no jornal Tuscaloosa Independent Monitor, do Alabama, editado por Ryland Randolph, líder local da Ku Klux Klan. O cartum ameaça com a forca os *carpetbaggers* e *scalawags* que quisessem lucrar no Sul.**

Houve movimentos brancos revolucionários semelhantes em outras partes do Sul. Em 1874, milhares de apoiadores da Liga Branca tentaram uma revolta armada em Nova Orleans. No total, na década anterior a 1876, mais de 3 mil pessoas, principalmente negras, foram mortas ou feridas em batalhas e massacres na Louisiana.

Um a um, os governos estaduais republicanos do Sul começaram a cair, substituídos por regimes que refletiam o poder sulista tradicional: brancos proprietários de terras. Em 1877, terminava a Reconstrução iniciada com o fim da Guerra de Secessão. No entanto, em 1883, a Suprema Corte derrubou a Lei de Direitos Civis de 1875, que garantia o acesso dos negros a lugares públicos. Os negros também perderam o direito de voto em razão de artifícios como testes de alfabetização e taxas de votação, ou seja, de 1896 a

**À ESQUERDA: Acampamento de negros libertos na ex-capital confederada de Richmond, na Virgínia, em 1895.**

À DIREITA: A chamada "Lei Jim Crow" substituiu a escravidão pela segregação. Aqui, a Suprema Corte decidiu, no caso Plessy versus Ferguson, que vagões ferroviários deveriam ser oferecidos separadamente a negros e brancos.

1904 o número de eleitores negros registrados na Louisiana caiu de 130 mil para apenas 1.350. Os presos podiam ser obrigados a cumprir trabalhos forçados — "escravidão pública corporativa em tudo, menos no nome", como descreve o historiador Philip Jenkins.

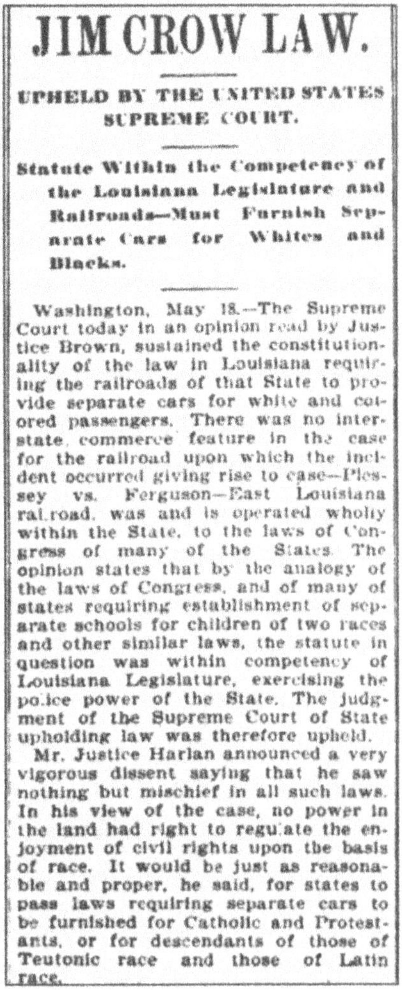

# JIM CROW LAW.

UPHELD BY THE UNITED STATES SUPREME COURT.

Statute Within the Competency of the Louisiana Legislature and Railroads—Must Furnish Separate Cars for Whites and Blacks.

Washington, May 18.—The Supreme Court today in an opinion read by Justice Brown, sustained the constitutionality of the law in Louisiana requiring the railroads of that State to provide separate cars for white and colored passengers. There was no interstate commerce feature in the case for the railroad upon which the incident occurred giving rise to case—Plessey vs. Ferguson—East Louisiana railroad, was and is operated wholly within the State, to the laws of Congress of many of the States. The opinion states that by the analogy of the laws of Congress, and of many of states requiring establishment of separate schools for children of two races and other similar laws, the statute in question was within competency of Louisiana Legislature, exercising the police power of the State. The judgment of the Supreme Court of State upholding law was therefore upheld.

Mr. Justice Harlan announced a very vigorous dissent saying that he saw nothing but mischief in all such laws. In his view of the case, no power in the land had right to regulate the enjoyment of civil rights upon the basis of race. It would be just as reasonable and proper, he said, for states to pass laws requiring separate cars to be furnished for Catholic and Protestants, or for descendants of those of Teutonic race and those of Latin race.

## Meação e segregação

A maioria dos negros e muitos brancos não tinham como cultivar terras próprias, assim, recebiam terras dos proprietários em troca de lhes entregar metade da colheita — sistema conhecido como meação. Como os ex-escravizados não tinham dinheiro para começar, o proprietário lhes emprestava sementes e equipamento a crédito, levando-os a assumir dívidas. Além disso, por serem analfabetos, muitos ex-escravizados ficaram expostos à exploração de alguns proprietários que agiam de maneira desonesta nos contratos que precisavam assinar. Alguns praticamente se reescravizavam com documentos assinados sem saber. "Para muitos trabalhadores e meeiros negros", escreve o historiador David Reynolds, "o novo Sul era pouco melhor do que o velho".

Enquanto a antiga divisão era entre escravizado e livre, no novo Sul a divisão passou a ser entre negro e branco. As leis "Jim Crow", como ficaram conhecidas, separavam negros e brancos nos espaços públicos. Nos trens, o vagão "Jim Crow" era o mais quente e sujo, perto da locomotiva. Em 1895, quando Homer Plessy sentou-se de propósito numa parte só para brancos de um trem da Louisiana, foi preso.

Ele conseguiu levar seu caso à Suprema Corte e defendeu direitos iguais para todos os cidadãos com base na Décima Quarta Emenda. No entanto, o processo foi rejeitado e o tribunal afirmou que a Emenda "não pretendia abolir distinções baseadas em cor nem impor a igualdade social, distinta da política". Na mesma decisão, o tribunal afirmou que a segregação era legal, desde que as instalações separadas fossem da mesma qualidade e deixou a cargo de cada estado garantir que os padrões de qualidade fossem mantidos. Não foram. A escravidão foi substituída pela segregação.

# A REENCENAÇÃO DE GETTYSBURG

Embora hoje os entusiastas reencenem batalhas anteriores ao seu nascimento, no 50º aniversário da Batalha de Gettysburg, em 1913, os veteranos representaram a si mesmos. Na época, o veterano mais jovem tinha 61 anos.

Nos anos logo após a Guerra de Secessão, poucos soldados do Norte ou do Sul participaram dos eventos de veteranos, mas o tempo é o maior curador: em 1913, a comemoração de Gettysburg atraiu 50 mil pessoas e durou seis dias.

No entanto, como os dois lados dos combatentes se sentiriam ao enfrentar mais uma vez os antigos inimigos? Para recriar o ataque de 3 de julho de 1863, que custou mais de 7 mil vidas, os idosos confederados se ajudaram em campo antes de chegar à linha ianque, onde aguardavam os veteranos da União. Finalmente, os soldados da União avançaram sobre o antigo inimigo — não em combate, mas "reuniram-se com afeto e amor fraterno", como observou Philip Myers, um jovem observador.

Ainda havia muito mal-estar no Sul a respeito da guerra, mas, naquele dia, tudo foi esquecido entre esses homens.

ACIMA: As bandeiras da União e da Confederação são erguidas por veteranos da Batalha de Gettysburg, em que 50 mil voltaram para ver a comemoração dos 50 anos da batalha, em 1913.

## A corrupção da cidade grande

O último terço do século XIX foi, nas palavras do historiador Philip Jenkins, a "época do capitalismo pirata mais deslavado". Andrew Carnegie e John D. Rockefeller são lembrados atualmente como grandes filantropos, porém foram impiedosos quando se tratou de abrir caminho para os setores americanos de petróleo e aço. Do mesmo modo, o "Erie Ring" ("cartel de Erie") — dos financistas Daniel Drew, Jim Fisk e Jay Gould, enriquecidos com o sucesso da especulação e do controle do bloqueio durante a Guerra de Secessão — questionou a tentativa de Cornelius Vanderbilt de monopolizar os sistemas de transporte do estado de Nova York. Os dois lados jogaram sujo e travaram suas batalhas com capangas, além do imenso suborno de tribunais, juízes e autoridades públicas.

Os políticos também se corromperam. De 1866 a 1871, a cidade de Nova York foi controlada por uma quadrilha de políticos chamada de "Tweed Ring" ("cartel do tweed"). Dois anos depois, descobriu-se que a Union Pacific Railroad obteve recursos para a construção da ferrovia do oeste a preços imensamente superfaturados. Para manter o silêncio, ações foram distribuídas entre os parlamentares americanos para evitar investigações.

**PÁGINA AO LADO: Por remover impiedosamente os concorrentes do mercado e, às vezes, sancionar violência e sabotagem, John D. Rockefeller dominou o setor petrolífero na década de 1870.**

## Tempos difíceis

Com a explosão industrial, os Estados Unidos logo se tornaram a fábrica do mundo e as cidades se desenvolveram rapidamente. No entanto, a explosão cobrou seu preço dos trabalhadores.

Os turnos nas siderúrgicas de Pittsburgh podiam durar doze horas, sete dias por semana. E enquanto os primeiros arranha-céus comemoravam a nova riqueza, os pobres viviam em condições cada vez mais reduzidas. Em

**ABAIXO: Casa de um carregador de carvão, no Poverty Gap do Lower East Side de Nova York, fotografada por Jacob Riis em 1890. Nos bons tempos, o pai ganhava cinco dólares por semana nas docas da cidade.**

Nova York, não era raro duzentas pessoas morarem numa única moradia. Na década de 1880, dizia-se que os cortiços do East Side de Nova York eram duas vezes mais densamente povoados que os de Londres.

Apesar de tudo, as oportunidades de trabalho continuavam a atrair um número imenso de emigrantes para os Estados Unidos. Entretanto, ocorreram disputas trabalhistas nas últimas décadas do século, em geral envolvendo choques violentos com a Agência de Detetives Pinkerton, contratada pelos donos das fábricas. Em 1877, o ano mais sangrento, as greves de ferroviários se espalharam para outros setores e causaram protestos que foram de Nova York e Pittsburgh até Ohio e Illinois, resultando em pelo menos cem mortes.

**"Centenas de navajos morreram de exaustão na marcha forçada até a reserva."**

Em 1893, os trabalhadores da fábrica de trilhos Pullman, em Chicago, entraram em greve quando o engenheiro e industrial George Pullman reduziu os salários, mas se recusou a reduzir paralelamente o aluguel que cobrava em sua vila operária. Arruaceiros transformaram a greve numa revolta; o exército foi chamado e houve 34 mortes. Depois, em 1914, a Guarda Nacional usou sua nova arma, a metralhadora, contra mineiros do Colorado e matou setenta pessoas, inclusive mulheres e crianças.

Além do tratamento duro recebido dos patrões, a lei raramente ajudava os trabalhadores; por exemplo, em 1905 a Suprema Corte decidiu, no caso Lochner, que Nova York não tinha poder de regular a jornada de trabalho máxima dos funcionários. Esse foi apenas um dos muitos casos em que a regulamentação governamental das atividades empresariais foi considerada uma violação dos direitos civis corporativos. Como escreve o historiador David Reynolds, "as cidades eram o orgulho e a vergonha dos Estados Unidos, monumentos ao capital e ao capitalismo, mas também o cemitério da mão de obra".

## As guerras indígenas

No território ocupado pelos americanos nativos, repetidas vezes a história foi de tratados ignorados e invasões de colonos à terra indígena, causando muito derramamento de sangue. O conflito com os americanos nativos no Texas, principalmente com os comanches, durou cinquenta anos, em meados do século XIX, e só terminou quando os últimos comanches foram para reservas no Oklahoma, em 1875. Em 1862, quando os *sioux santees* estavam morrendo de fome, revoltaram-se contra os colonos de Minnesota por não receberem as provisões que um tratado americano lhes havia prometido, e mataram setecentos colonos até que o exército reagisse. Trezentos indígenas foram condenados à morte pelos homicídios, porém Lincoln diminuiu a maior parte das penas, e 38 foram enforcados, a maior execução em massa da história estadunidense.

Na subjugação dos navajos, de 1864 a 1866, 9 mil americanos nativos foram forçados a marchar de sua reserva no Arizona até a Reserva Bosque Redondo, no Novo México, percorrendo 482 quilômetros. Centenas morreram de exaustão pelo caminho e dizem que alguns foram executados. Quando chegaram, Bosque Redondo estava lotada, os navajos foram forçados a se unir aos apaches, tribo com a qual não tinham relações amistosas.

**PÁGINA AO LADO: Embora anunciado como o último búfalo morto por Gerônimo, em Fort Sill, Oklahoma, por volta de 1906, esse pode ter sido o primeiro; sua experiência de caça anterior no Novo México e no Arizona dificilmente o poria em contato com búfalos.**

Os navajos também foram atacados pelos comanches e, por sua vez, atacaram-nos de volta.

Com o pouco suprimento de água e a quebra da safra, o exército americano passou a ter uma despesa imensa para alimentar os indígenas. Em 1867, os navajos começaram a deixar a reserva e, no ano seguinte, ela foi oficialmente abandonada. Numa reversão rara, os Estados Unidos permitiram que os navajos retornassem a suas terras tradicionais.

## Onde corriam os búfalos

Tanto os colonos brancos quanto os indígenas das planícies — incluindo os belicosos sioux, que agiam quase como imperialistas sobre as outras etnias — caçavam búfalos, com efeito desastroso. Em meados do século XIX, talvez houvesse 60 milhões de búfalos; em 1883, havia menos de mil. Para os americanos brancos, que comiam um pouco de búfalo e caçavam por esporte, a eliminação do animal tinha um sentido perverso, como o secretário do Interior, Columbus Delano, explicou ao Congresso em 1874: "Vejo que a destruição dessa caça da qual subsistem os indígenas facilita a política do governo de destruir seus hábitos de caça, coagi-los a ir para as reservas e obrigá-los a adotar os hábitos da civilização". Livrar as planícies dos búfalos era o método de livrá-las dos americanos nativos.

## Little Big Horn e Wounded Knee

Os nomes dos massacres que envolveram americanos nativos com o passar dos séculos foram praticamente esquecidos, mas "a última batalha de Custer" em Little Big Horn (pequeno grande chifre) é bem conhecida, porque é um dos poucos casos em que os americanos brancos foram as vítimas. Em Montana, em junho de 1876, as forças da Sétima Cavalaria do general George Custer em imensa desvantagem numérica, com o apoio de batedores *crows*, foram cercadas pelos *arapahos* e *cheyennes* do norte, comandados por Touro Sentado e Cavalo Louco. Dos mais de duzentos homens que Custer comandava diretamente na batalha, nenhum sobreviveu. A triste notícia de sua derrota chegou ao restante dos Estados Unidos em 4 de julho, justo no centenário da Declaração de Independência.

No entanto, Little Big Horn foi uma vitória de Pirro para os americanos nativos, pois incentivou os brancos a resolver o "problema indígena". Nos três anos seguintes, as principais forças militares indígenas foram esmagadas, e novos tratados confiscaram vastas áreas de terra, na base de "venda ou morra de fome". Em 1886, até o líder apache Gerônimo foi forçado a se render no Arizona.

No entanto, inesperadamente, surgiu uma nova religião entre os famintos e desesperados indígenas *lakotas* do Dakota do Sul: a Dança Fantasma, e um de seus princípios era a erradicação dos colonos brancos.

Com medo de um ataque, a cavalaria americana decidiu manter alguns chefes sob custódia. Porém, na tentativa de capturar Touro Sentado em dezembro de 1890, dispararam tiros que resultaram em sua morte, mais oito de seus apoiadores e seis policiais.

Duzentos membros do grupo se uniram a outros americanos nativos que buscavam segurança numa reserva, porém, no caminho foram interceptados pela cavalaria americana no riacho de Wounded Knee ("joelho ferido"). Quando os soldados tentaram revistá-los, houve tumulto, um tiro soou e a cavalaria começou a atirar. No tiroteio, a cavalaria matou 150 homens, mulheres e crianças indígenas, inclusive os que tentavam fugir. Também matou acidentalmente 25 soldados e 39 feriram-se na luta.

> **"No tiroteio, a cavalaria matou 150 homens, mulheres e crianças indígenas."**

Esses massacres não eram raros, mas Wounded Knee seria um dos últimos, pois o número de americanos nativos havia sido reduzido pela guerra e pelas doenças, e eles estavam limitados a reservas distantes uma da outra. "Quando me recordo, neste alto morro da minha velhice, ainda vejo as mulheres e crianças chacinadas jazendo em montes espalhados por todo o barranco tortuoso", escreveu anos depois Black Elk (Alce Preto), sobrevivente de Wounded Knee. "E vejo algo mais que morreu na lama ensanguentada e foi sepultada na nevasca: o sonho de um povo morreu lá. Era um lindo sonho."

Durante todo o século XIX, os americanos nativos foram várias vezes desalojados e lançados em terras menos produtivas e populosas. Como observou o historiador Howard Zinn, os Estados Unidos fizeram quatrocentos tratados com os indígenas e romperam cada um deles.

PÁGINA AO LADO: Recolhimento dos corpos de 150 homens, mulheres e crianças indígenas alvejados por soldados americanos no massacre de Wounded Knee, Dakota do Sul, em 1890. Na confusão, os soldados acabaram matando 25 colegas.

## À procura de Cynthia Ann Parker

Certa vez, em 1753, o Pai Fundador Benjamin Franklin perguntou por que uma criança nativa americana criada por colonos, se lhe permitissem ver a família indígena, se recusaria a voltar para os colonos. Mas se um filho de colonos fosse aprisionado pelos indígenas e "vivesse algum tempo entre eles", ao ser devolvido à família branca, a criança "ficaria enojada com nosso modo de viver" e "aproveitaria a primeira boa oportunidade para fugir outra vez para a floresta".

Foi assim com Cynthia Ann Parker, uma das crianças sequestradas cuja história inspirou o filme *Rastros de ódio*. Quando menina, sua família mudou-se para o Texas e construiu o Forte Parker. Em 1836, um grupo de guerreiros comandados por comanches massacrou cinco homens da família dela, estuprou as mulheres e cortou a genitália de seu avô, John Parker, antes de escalpelá-lo. Duas mulheres e três crianças foram sequestradas, incluindo Cynthia, com cerca de 10 anos, e seu irmão John Richard, de 2 anos. As mulheres foram estrupadas coletivamente e tratadas como escravas, mas as crianças foram consideradas um modo de aumentar o tamanho da tribo e aceitas como membros.

**"Os Estados Unidos eram um país jovem que necessitava de uma mitologia nacional."**

Depois de vários meses, as mulheres cativas foram libertadas quando James W. Parker, tio de Cynthia, rastreou o grupo de comanches e pagou o resgate. Dali a seis anos, John Richard foi libertado, mas foi incapaz de se adaptar à sociedade branca e fugiu para voltar à família comanche.

Cynthia não foi encontrada e ficou 24 anos com outros comanches; casou-se com um chefe e teve três filhos, um dos quais, Quanah, se tornou o último chefe comanche livre. Quando estava com 34 anos aproximadamente, Cynthia foi "resgatada" por *rangers* do Texas, mas passou a década que lhe restou de vida recusando-se a se ajustar à vida na sociedade branca; certa vez fugiu temporariamente para voltar à família comanche. Com o coração partido por estar separada dos filhos meio comanches, recusou-se a comer e morreu em 1871.

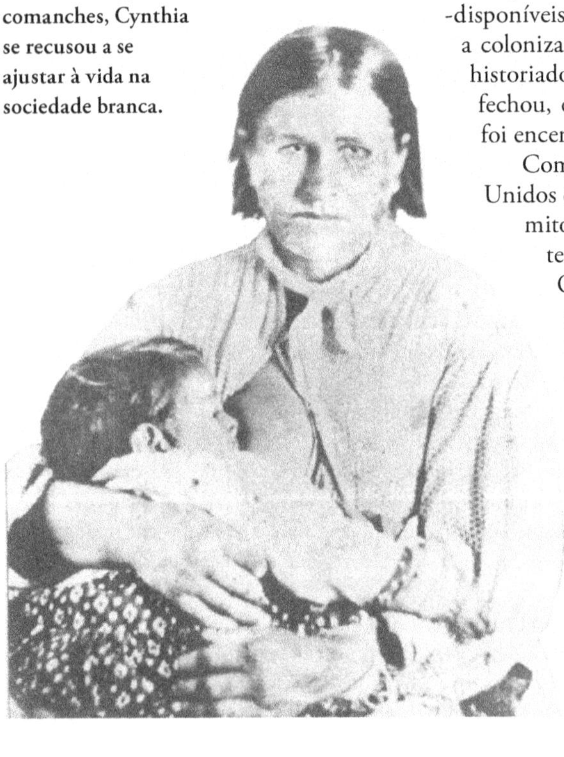

ABAIXO: Cynthia Ann Parker com a filha Topasannah em 1861, pouco depois de "resgatadas" da tribo comanche. Separada dos outros filhos parcialmente comanches, Cynthia se recusou a se ajustar à vida na sociedade branca.

## Como o Oeste foi inventado

Em 1889, a terra antes indígena do território do Oklahoma foi aberta à última grande corrida de terras no oeste. Só em 22 de abril, 50 mil pessoas se espalharam por 800 mil hectares de terras recém-disponíveis e reivindicaram suas novas fazendas. Com a colonização de Oklahoma, argumentou em 1893 o historiador Frederick Jackson Turner, a fronteira se fechou, e o primeiro período da história americana foi encerrado.

Com pouco mais de um século, os Estados Unidos eram um país jovem que necessitava de uma mitologia nacional, que foi encontrada no oeste. O espírito pioneiro buscou um futuro no Oeste; agora, a vida podia começar a passar para o terreno dos mitos do passado recente. Enquanto a Europa tinha como heróis os cavaleiros medievais e os bandoleiros honestos como Robin Hood, os heróis dos Estados Unidos eram os caubóis — o que era estranho, dado o pouco heroísmo na vida de um vaqueiro. No entanto, como observa o historiador William W. Savage, "tudo o que foi feito com o caubói visava, consciente ou inconscientemente, torná-lo útil como mito".

Na ficção, nos quadros românticos de Albert Bierstadt e Frederic Remington e, mais tarde, no cinema e na televisão, os caubóis se tornaram honrados, corajosos e cavalheirescos, e suas ações iam muito além de cuidar dos bovinos.

## Hospitalidade da espingarda

ACIMA: A Comissão de Paz de Dodge City em 1883. Wyatt Earp é o segundo sentado à esquerda. Ele foi registrado na mitologia do Oeste como um célebre homem da lei, mas teve vários desentendimentos com a polícia.

Na verdade, os caubóis só passaram a existir depois da Guerra de Secessão; só então, com a população de búfalos quase extinta, a pecuária decolou. Os caubóis levavam o gado para as ferrovias do norte, onde os animais embarcavam em vagões rumo aos matadouros das cidades do meio-oeste. Dodge City, no Kansas, desenvolveu-se como uma dessas estações ferroviárias e, durante dez anos, foi a maior cidade do mundo ligada à pecuária. Na cultura popular, era famosa pelo banditismo. Na verdade, apesar de todos os caubóis e jogadores, bares e bordéis, além de mercadores, banqueiros e famílias, havia pouquíssimas mortes não naturais.

Os verdadeiros incidentes do Oeste — como o tiroteio de Wyatt Earp no OK Corral, em Tombstone, no Arizona, em 1881 — ganharam fama por serem muito raros. Os vilões, os *saloons* e as diligências, sem falar das pessoas de mãos para o alto, raramente eram vistos. Na verdade, os conflitos raciais na Louisiana e no Sul eram mais violentos do que o Oeste romantizado.

Evidentemente, não podia haver leis em lugares onde não havia policiais, por isso as comunidades criavam comitês de vigilância para lidar com a bandidagem. Às vezes, isso realmente virava a lei da turba, mas em geral envolvia cidadãos responsáveis que agiam contra ladrões de gado e gatunos em geral. O comitê de vigilância mais ativo foi o de Fort Griffin, no Texas, onde, em abril de 1876, um homem foi pego furtando um cavalo. Eles usaram sua forma própria de justiça: enforcaram na mesma hora o homem numa árvore e deixaram sob o corpo pendurado uma picareta e uma pá para quem quisesse enterrá-lo.

Em essência, as rivalidades do oeste, como a de Billy the Kid e Wyatt Earp, foram lutas de facções pelo poder político e econômico, exatamente como os conflitos nas grandes cidades do leste, como observa o historiador Philip Jenkins. Assim como favoreciam as grandes empresas nas disputas industriais, em geral os tribunais não condenavam os poderosos do Oeste — como a Stock Growers Association (Associação dos Criadores de Gado) na "guerra" de 1892 contra os pequenos fazendeiros de Johnson County, no Wyoming. Dessa maneira, os mitos do Velho Oeste, em que, sem a lei, se fazia justiça a favor do homem comum, serviram para corrigir as injustiças históricas cometidas com frequência.

NA PRÓXIMA PÁGINA: William F. Cody foi batedor do exército e caçador de búfalos antes de dedicar suas habilidades ao entretenimento circense com o espetáculo "Buffalo Bill's Wild West". Partidário dos americanos nativos, Cody chamava-os de "ex-inimigo, atual amigo, o americano".

## O fim do Oeste

No fim da década de 1880, as terras abertas foram praticamente cercadas por fazendeiros. A pecuária deu lugar aos trigais, e as cidades aplainaram a selvageria e a falta de lei. Com o fim do Oeste Selvagem, seus sobreviventes puderam seguir adiante, e alguns foram trabalhar na indústria dos mitos: Wyatt Earp passou seus últimos anos dando assessoria aos filmes de faroeste em Hollywood, na década de 1920. William F. Cody, que foi batedor do exército, caçador de búfalos e combatente contra os indígenas, criou o "Buffalo Bill's Wild West Show", o espetáculo do oeste selvagem

BUFFALO BILL
AND CONGRESS OF ROUGH
A CONGRESS OF AMERICAN INDIANS,
REPRESENTING VARIOU
ACTUAL LIFE GIVINC

'S WILD WEST
RIDERS OF THE WORLD.
COL. W. F. CODY
"BUFFALO BILL"
WILL APPEAR
AT EVERY PERFORMANCE
TRIBES, CHARACTERS AND PECULIARITIES OF THE WILY DUSKY WARRIORS IN SCENES FROM
THEIR WEIRD WAR DANCES AND PICTURESQUE STYLE OF HORSEMANSHIP.

## TIROS NO PRESIDENTE

James A. Garfield não sobreviveu muito tempo na Casa Branca. Empossado em março de 1881, em setembro perdeu o cargo. Em 2 de julho, enquanto se dirigia para pegar um trem na Estação de Baltimore e Potomac, em Washington, levou um tiro de Charles J. Guiteau, um desajustado com problemas. Garfield lutou três meses pela vida antes de morrer; Guiteau, que ficou ao lado do presidente depois do tiro, foi enforcado no ano seguinte.

Vinte anos depois da morte de Garfield, em 6 de setembro de 1901, o presidente William McKinley estava num evento público em Buffalo, no estado de Nova York, quando foi alvejado pelo anarquista Leon Czolgosz, de 28 anos. Os ferimentos de McKinley gangrenaram e ele morreu antes que o assassino fosse para a cadeira elétrica no mês seguinte.

de Buffalo Bill, com Annie Oakley, que fez turnês pelos Estados Unidos e pela Grã-Bretanha apresentando números de circo e cenas históricas no estilo do faroeste.

O Oeste Selvagem, se é que existiu, havia acabado. Em 1900, o artista Frederic Remington escreveu à esposa: "Nunca voltarei ao Oeste. São só prédios de tijolos".

## A Era Imperial

Em 1867, a Rússia vendeu o Alasca aos Estados Unidos por 7 milhões de dólares e deu fim à sua posição imperial na América do Norte. Os EUA, por outro lado, estavam prestes a criar sua própria era imperialista. Em 1895, a população de Cuba iniciou uma revolução nacionalista contra o império espanhol; os espanhóis sufocaram os cubanos, limparam o campo para negar aos revolucionários acesso a comida e abrigo, e levaram todo o povo para as cidades. Os jornais americanos, principalmente os populares pertencentes a William Randolph Hearst e à cadeia Pulitzer, criticaram intensamente a ação espanhola, incentivando a opinião pública contra o império espanhol.

Não era apenas uma notícia internacional exótica para os americanos; havia também um interesse comercial. Cuba, a apenas 145 quilômetros da Flórida, abrigava grandes plantações americanas de cana-de-açúcar e fumo. Uma vez que as cidades cubanas se rebelaram, os Estados Unidos enviaram fuzileiros navais para proteger moradores americanos e suas propriedades. Em fevereiro de 1898, quando o *USS Maine* explodiu o Porto de Havana, os mesmos jornais, alimentando a febre bélica, prontamente culparam as ações inimigas. Um tribunal de inquérito naval concluiu que o responsável foi uma mina submarina, embora a explosão também pudesse ter sido causada por um defeito técnico do navio. Ainda assim, foi declarada a guerra ao império espanhol e Cuba logo caiu em mãos americanas.

No mês seguinte, os EUA intervieram em movimentos nacionalistas contra os espanhóis nas Filipinas e assumiram o controle das ilhas. Até o final do ano, os Estados Unidos tinham adquirido formalmente a posse do Havaí e das ex-colônias espanholas de Porto Rico, a ilha de Guam, no Pacífico, e as Filipinas.

Na breve Guerra Hispano-Americana, relativamente poucas vidas americanas se perderam. Contudo, a luta nas Filipinas ainda não havia terminado. No ano seguinte, o povo nativo das ilhas começou uma revolta contra os americanos que só seria sufocada dali a três anos. O esforço para

**ABAIXO: A explosão do USS Maine no Porto de Havana, em 1898, ajudou a provocar a guerra dos Estados Unidos com a Espanha. Um inquérito decidiu que a explosão foi causada por uma mina, embora pudesse ter sido uma falha técnica do navio.**

AO LADO: Começada pela França na década de 1880, a construção do Canal do Panamá foi assumida pelos Estados Unidos em 1904. Dez anos depois, quando concluído, o projeto de 77 quilômetros havia causado a morte de 5.600 trabalhadores.

esmagá-la foi violento, com tortura de água, mortes na prisão e campos de concentração. Em 1900, havia 70 mil soldados americanos posicionados nas Filipinas; quando o conflito acabou, 4 mil soldados americanos haviam morrido, enquanto as baixas filipinas podem ter chegado a 250 mil.

## O Canal do Panamá

Apesar das baixas nas Filipinas, a Guerra Hispano-Americana lançou os Estados Unidos como ator no palco mundial. Em 1903, ao perceber a importância de levar navios de guerra com rapidez do Pacífico ao Atlântico, o presidente Theodore Roosevelt negociou o arrendamento das terras para construir um canal no Panamá, região na época controlada pela Colômbia. As negociações foram auxiliadas pela presença de uma canhoneira americana, seguida por uma rebelião bem planejada para criar o estado-títere do Panamá. Depois disso, em duas semanas os EUA assinaram o Tratado do Canal e conquistaram o direito perpétuo de construir e operar um canal através do Panamá.

Para alguns americanos, adquirir colônias no estrangeiro era uma extensão do processo pelo qual o país ocupou a América do Norte, colocando áreas fracas ou desorganizadas sob as asas protetoras americanas. Mas essa nova posição não era universalmente aceita em casa. Ben Tillman, senador da Carolina do Sul, criticou as iniciativas para substituir o domínio espanhol de Cuba pelo controle americano e chamou os EUA de "policial" da área — termo depois usado, justa ou injustamente, contra o país.

Ainda assim, em 1901, quando as tropas americanas saíram de Cuba, os termos da partida transformaram efetivamente a ilha em protetorado americano, inclusive com a permissão de os Estados Unidos construírem lá bases militares, uma delas na baía de Guantánamo.

## América, América

Na geração pós-Guerra de Secessão, os Estados Unidos se tornaram a maior economia do mundo. Com o envolvimento na América Latina e nas Filipinas, lançou-se como potência imperial. Agora, o século XX veria o país envolvido em imensos conflitos no nível global.

# 6

# A NOVA ERA

Embora o país tivesse decidido não se envolver na Primeira Guerra Mundial, em 1918 os soldados estadunidenses lutaram nas trincheiras da Europa. No entanto, os Estados Unidos sairiam dominantes da guerra, com as indústrias em expansão e as grandes quadrilhas prosperando durante a Lei Seca. Porém, em 1929, a bolha explodiu.

Em agosto de 1914, a Guerra começou na Europa, com Grã-Bretanha, França e Rússia em conflito com as potências centrais: Alemanha, Império Austro-Húngaro e Império Otomano. Os Estados Unidos não se envolveram. Assim como ocorreu nas Guerras Napoleônicas do início do século XIX, o país preferiu manter a neutralidade e os padrões comerciais que mantinham com as potências europeias dos dois lados do conflito. Além disso, se fosse à guerra, de que lado ficariam? Sua população era uma mistura de diversos povos — alemães, britânicos, irlandeses, italianos, tchecos, sérvios e muitos outros; no entanto, principalmente, como observou o presidente Woodrow Wilson, "as nações hoje estão em guerra". A neutralidade era o caminho lógico.

**PÁGINA AO LADO: Essa fotografia de Dorothea Lange de uma trabalhadora rural migrante com três dos sete filhos em Nipomo, na Califórnia, em março de 1936, foi uma das imagens mais divulgadas da Grande Depressão.**

Apesar disso, como na guerra de 1812, foi impossível manter a neutralidade e comercializar com países que estavam em guerra, porque os navios mercantes estadunidenses tornaram-se alvos militares. Em 1915, a Alemanha abandonou a política reconhecida de "parar e revistar" navios civis e começou a atirar neles indiscriminadamente. O caso mais famoso foi o torpedeamento do *Lusitania* — navio britânico de passageiros da Cunard Line que ia de Nova York a Liverpool —, causando a morte de 1.198 passageiros e tripulantes. Embora a Alemanha afirmasse corretamente que o navio levava em segredo armas e munição para a Grã-Bretanha, o naufrágio

**ACIMA: O torpedeamento do transatlântico *Lusitania* por um submarino alemão na costa da Irlanda, em 1915, causou a morte de 1.198 passageiros e tripulantes, entre eles 128 estadunidenses. Apesar da indignação internacional na época, o presidente Wilson manteve-se decidido a não entrar na Primeira Guerra Mundial.**

provocou clamor internacional. E apesar da perda de 128 vidas estadunidenses, Wilson continuou decidido a não ser arrastado para a guerra.

Por algum tempo, a Alemanha parou de alvejar navios civis, mas no início de 1917, voltou a torpedear embarcações que seguiam para a Grã-Bretanha e a França. Era uma aposta: esses ataques exauririam os suprimentos britânicos e forçariam a Grã-Bretanha a se render antes que os Estados Unidos se mobilizassem contra a Alemanha. Não foi o que aconteceu. Em março de 1917, a interceptação do chamado "Telegrama Zimmermann" do ministro do Exterior alemão para o governo do México sugerindo uma aliança germano-mexicana contra os Estados Unidos e a reocupação do Texas e outros estados perdidos para os EUA alimentou a febre da guerra. Em 6 de abril de 1917, o Congresso aprovou a declaração de guerra à Alemanha.

## Bravura nas trincheiras

Dois milhões de soldados estadunidenses serviram nas trincheiras da França, entretanto, em virtude do treinamento exigido para os novos conscritos e da escassez de navios, somente no verão de 1918 um número significativo de soldados chegou à Europa. Ainda assim, em setembro daquele ano 1 milhão de americanos já participava da ofensiva aliada de Meuse-Argonne, a qual rompeu as linhas alemãs.

**"Um milhão de americanos participou da ofensiva aliada de Meuse-Argonne."**

## SOLDADOS AFRO-AMERICANOS

A segregação e a tensão racial nos Estados Unidos não impediram que o país entrasse na guerra. Em agosto de 1917, a violência explodiu em Houston, no Texas, quando soldados negros estacionados em Camp Logan retaliaram contra a discriminação e o abuso sofridos de moradores brancos e da polícia. Os soldados marcharam sobre a cidade e mataram dezesseis civis e policiais brancos, enquanto quatro soldados negros morreram na luta. Pelo crime, mais de cem soldados negros foram levados à corte marcial; 63 foram condenados à prisão perpétua e treze foram enforcados.

Dos que serviram na Europa, a maioria recebeu funções de serviço e não de combate. No entanto, houve duas divisões de combate negras, a 92ª e a 93ª, formadas por cerca de 40 mil soldados. O desconforto com soldados americanos brancos lutando ao lado dos negros levou ao empréstimo da 93ª ao exército francês. Com capacetes e armas francesas, mas usando o fardamento do exército americano, o 369º Regimento de Infantaria da 93ª Divisão nunca recuou, não perdeu uma trincheira nem teve algum soldado aprisionado, e apenas uma vez falhou ao seguir um objetivo.

O soldado Henry Johnson do 369º, ex-carregador da estação de Albany, tornou-se o primeiro americano a receber a Croix de Guerre, condecoração militar francesa. Até o fim da guerra, 171 integrantes do 369º receberam a Croix de Guerre e outras condecorações militares francesas.

Como a cidadania dos americanos nativos que moravam em reservas fora praticamente negada, eles não podiam ser convocados para o serviço militar, mas 6.500 indígenas se alistaram e serviram em todos os grandes engajamentos do exército americano na guerra. Em 1919, o Congresso garantiu a cidadania automática a todos os indígenas veteranos de guerra e, em 1924, a cidadania foi concedida a todos os outros que ainda não a tinham recebido.

**À ESQUERDA: Soldados afro-americanos na França em 1918.**

Em novembro, inesperadamente, a guerra acabou, com a Alemanha e seus aliados exauridos pelo bloqueio econômico e esmagados pelas ofensivas recentes. Para os Estados Unidos, foi um envolvimento bastante breve, mas as baixas foram altas, como para todos os beligerantes: 116 mil estadunidenses mortos, menos da metade em combate.

## A Liga das Nações

A guerra deixou a Europa exausta, mas fez dos Estados Unidos um ator mundial dominante. Para o presidente Wilson, foi a oportunidade de criar uma nova ordem mundial de segurança coletiva — seus "quatorze pontos" incluíam mar aberto, limitação de armamentos, reconhecimento dos povos que viviam sob domínio colonial e uma "associação geral das nações", que reconhecesse a independência política e a integridade territorial de cada país.

Depois de negociações prolongadas na Europa, essa iniciativa se foi transformada na Liga das Nações; contudo, apesar da guerra ou de suas consequências, o sentimento americano continuou contrário a se envolver em alianças ou guerras estrangeiras. Ironicamente, Wilson não conseguiu aprovar no Congresso a entrada dos Estados Unidos na Liga das Nações. A Liga foi ideia sua e existia, mas ele não convenceu seu próprio povo a entrar nela.

**ABAIXO: Esse anúncio da National Association for the Advancement of Colored People (NAACP, Associação Nacional pelo Progresso das Pessoas de Cor) exigia que o Senado estadunidense aprovasse o projeto de lei Dyer de 1922 contra os linchamentos. Não aprovado no Senado, o projeto foi várias vezes bloqueado pelos democratas sulistas.**

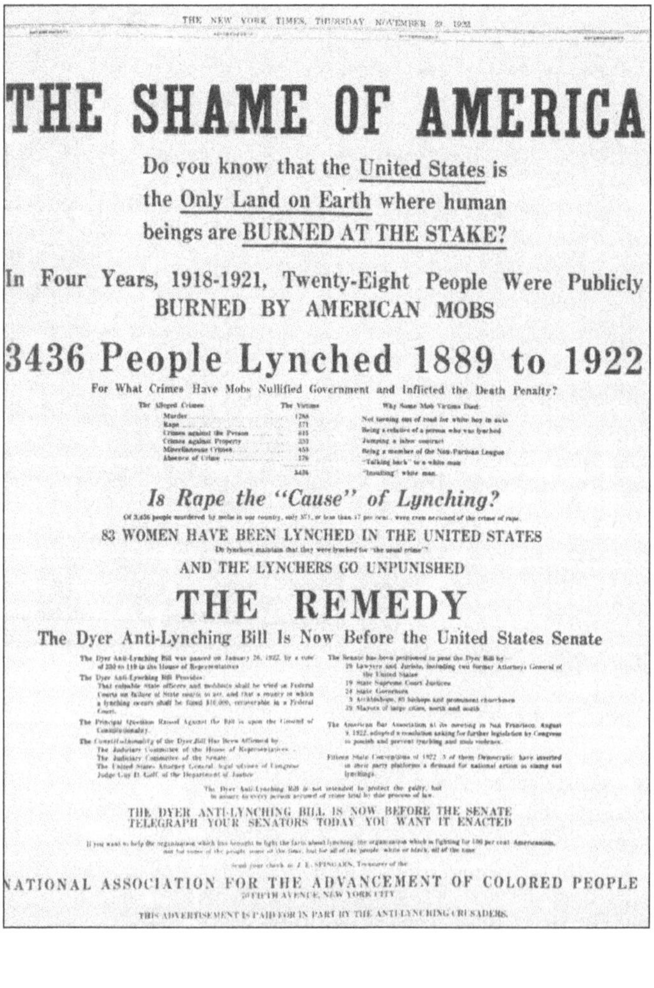


## Linchamentos

Os anos de guerra foram bons para a indústria americana, e agora os negros sulistas eram cada vez mais atraídos para o norte pelos empregos mais bem pagos na indústria e a possibilidade de fugir das leis segregacionistas "Jim Crow" do sul. Durante a guerra, a população negra de Chicago quase dobrou, chegando a 110 mil habitantes, mas os negros ainda sofriam discriminação. Em julho de 1919, um tumulto racial na cidade deixou 38 mortos. Dois anos antes, em East St. Louis, no Illinois, fura-greves negros foram responsabilizados pelo fracasso de um protesto trabalhista, e cem negros morreram na violência que se seguiu.

Enquanto isso, no Sul, a Ku Klux Klan renasceu e, no início da década de 1920, o movimento teve adesão superior a 4 milhões de integrantes. Em geral, os negros eram as vítimas dos linchamentos e incêndios, mas o alvo também podia ser asiáticos, católicos, judeus ou qualquer estrangeiro. A Klan se tornou a expressão extremada da reação sulista protestante e conservadora contra um país multicultural.

Em maio de 1916, em Waco, no Texas, o adolescente negro Jessie Washington se declarou

ACIMA: Thomas Shipp e Abram Smith foram presos em 1930 em Marion, no estado de Indiana, acusados de matar um branco e estuprar sua namorada branca. Na noite seguinte, foram arrastados da cadeia pela multidão e linchados.

culpado de ter matado a patroa Lucy Fry, uma fazendeira inglesa branca. Condenado à morte, Washington estava sendo levado da sala de audiências no tribunal de Waco quando os espectadores avançaram e o arrastaram para fora. Assistido por uma multidão diante da prefeitura, Washington foi banhado em gasolina, pendurado numa árvore e baixado várias vezes nas chamas de uma fogueira até morrer queimado. Embora o caso fosse condenado em todo o país, ninguém jamais foi processado pelo homicídio.

Os linchamentos também não se limitavam ao sul. Em 1930, em Marion, no estado de Indiana, Thomas Shipp e Abram Smith foram linchados; a fotografia de seus corpos pendurados inspirou a canção *Strange Fruit* ("fruta estranha"). Mais ao norte, em Duluth, no estado de Minnesota, três trabalhadores circenses negros foram linchados em 1920 pela multidão quando Irene Tusken, moça branca de 19 anos, acusou-os de estuprá-la e roubá-la. O médico não encontrou sinais de ataque sexual, mas, no mesmo dia, uma multidão invadiu a cadeia onde estavam os presos Elias Clayton, Elmer Jackson e Isaac McGhie. Depois de um julgamento encenado, os homens foram surrados e enforcados. O julgamento da multidão começou dois dias depois. Dos 25 acusados de tumulto, três foram condenados e dois julgados por estupro, um deles considerado culpado. Mas, como em outros linchamentos, ninguém foi condenado por homicídio.

**"Jessie Washington foi banhado em gasolina, pendurado numa árvore e baixado nas chamas de uma fogueira."**

## Anti-imigração e americanismo 100%

Internamente, a guerra gerou ondas de patriotismo e um sentimento antialemão. Com a tomada do poder pelos bolcheviques na Rússia em 1917, houve uma pequena Ameaça Vermelha nos Estados Unidos (1919-1920) quando operários, em geral imigrantes, entraram em greve e grupos de justiceiros surgiram para castigá-los.

Um pequeno movimento anarquista também causou impacto violento. Em maio de 1919, um pacote-bomba enviado a um ex-senador americano explodiu as mãos da criada que o abriu. No mês seguinte, foram deixadas bombas diante da casa de políticos, e a frente da casa do procurador-geral Mitchell Palmer explodiu. Ninguém se feriu gravemente na casa, mas o autor do atentado, o anarquista italiano Carlo Valdinoci, perdeu a vida na explosão.

Para aumentar a segurança, Palmer criou o novo Bureau of Investigation (Escritório de Investigação), antecessor do FBI. Houve ataques a radicais estrangeiros — numa única noite de 1920, 4 mil foram presos no país — e pessoas foram detidas sem acusação. Embora essas ações fossem criticadas como desrespeito às liberdades civis, mesmo assim oitocentos foram deportados.

O sentimento anti-imigrante, mesmo num país de imigrantes, levou ao encerramento da política de portas abertas no início da década de 1920, com algumas exceções. Os latino-americanos ainda eram permitidos, pois a mão de obra migrante mexicana era necessária, e a imigração da China e do Japão não foi completamente proibida. No entanto, a imigração europeia caiu drasticamente.

ABAIXO: Casa do procurador-geral Mitchell Palmer depois que o anarquista Carlo Valdinoci deixou uma bomba e morreu na explosão.

ACIMA: O Massacre de São Valentim de 1929, em Chicago. Numa guerra por território, os contrabandistas de bebidas ítalo-americanos do South Side, chefiados por Al Capone, mataram sete integrantes da quadrilha irlandesa de Bugs Moran, do North Side.

## Um brinde à Lei Seca

Durante anos, os protestantes evangélicos fizeram campanha contra a venda de bebidas alcoólicas, enquanto os católicos de origens irlandesa e alemã se opunham. Entretanto, com o clima antialemão durante e depois da Guerra, a causa da Lei Seca se fortaleceu. Em consequência, em janeiro de 1920, a Décima Oitava Emenda entrou em vigor e proibiu a fabricação, importação e venda de "bebidas inebriantes".

Não que a Lei Seca impedisse que o país todo bebesse; ela apenas levou o mercado para a clandestinidade, de onde saíram criminosos organizados para administrá-lo. Para eles, a Lei Seca foi uma oportunidade de ouro, e o lucro permitiu que os contrabandistas de bebidas aumentassem sua influência. Não surpreende que tenham ocorrido disputas territoriais com mortes em massa, como o tiroteio de Filadélfia em 1928 e o do Dia de São Valentim em Chicago, em 1929, em que sete integrantes da quadrilha irlandesa do North Side foram mortos por quatro integrantes da quadrilha ítalo-americana de Al Capone, do South Side. Os criminosos escaparam facilmente: dois deles, vestidos de policiais, "escoltaram" para fora da garagem outros dois com as mãos para cima e sumiram na cidade antes que a verdadeira polícia chegasse.

No total, Capone pode ter sido responsável por ter mandado matar trezentas pessoas, mas foi por evasão fiscal que foi condenado, em 1931. Como já sofria de neurossífilis, enlouqueceu aos poucos na prisão. Morreu em sua casa, na Flórida, em 1947.

**"Não que a Lei Seca impedisse que o país todo bebesse; ela apenas levou o mercado para a clandestinidade."**

Chicago era domínio de Capone, mas em Nova York, no fim da década de 1920, surgiram duas outras facções de gângsteres ítalo-americanos em busca de domínio, uma comandada por Joe Masseria e a outra, por Salvatore Maranzano. Em 1931, Masseria foi assassinado e Maranzano ficou no domínio. Para limitar as disputas, ele dividiu o submundo da cidade em cinco famílias, cada uma com seu território. Contudo, ao se colocar como chefe de todos os chefes, Maranzano deu um passo longe demais. Em seis meses, foi assassinado por ordem de Charles "Lucky" Luciano, supostamente um de seus seguidores.

Luciano criou uma nova era de colaboração com outros grupos criminosos, como os bandidos judeus Meyer Lansky e Ben "Bugsy" Siegel. Em outras regiões, o extorsionário e chefe político Enoch L. "Nucky" Johnson chegou ao poder em Atlantic City, no estado de Nova Jersey, onde as leis contra as bebidas praticamente não pegaram.

Quando a Lei Seca terminou em 1933, os mafiosos buscaram outros setores. Alguns se infiltraram em sindicatos e no tráfico de mão de obra, outros foram para narcóticos, jogo e prostituição. Não sumiram, só se diversificaram.

## Fogo e água na Califórnia

Em 1906, ocorreu um terremoto em São Francisco que causou uma série de incêndios extremamente destrutivos. Provocados pelo rompimento da tubulação de gás, os incêndios arderam por quatro dias e quatro noites e destruíram, junto com o terremoto, 80% dos prédios da cidade, quase todos feitos de madeira, matando 3 mil pessoas. Em alguns casos, os moradores foram motivados a não apagar o fogo, e alguns até o provocaram, pois as seguradoras não indenizavam danos de terremotos, só os de incêndios. São Francisco foi rapidamente reconstruída, mas nas décadas seguintes perdeu para Los Angeles o posto de maior cidade da Costa Oeste.

**"Provocados pelo rompimento da tubulação de gás, os incêndios de São Francisco arderam por quatro dias."**

Com o petróleo e, a partir de 1914, a rápida expansão do setor cinematográfico, Los Angeles crescia depressa, mas lhe faltava um recurso importantíssimo: água doce. Seca no verão e não muito úmida no inverno, Los Angeles recebe menos chuva do que alguns desertos. E de onde a cidade obtém água? A resposta, naturalmente, é que a água é trazida de fora para

À ESQUERDA: O terremoto de 1906 em São Francisco e os incêndios subsequentes deixaram pelo menos 227.000 pessoas desabrigadas, mais da metade da população da cidade. O terremoto também desviou o curso do baixo rio Salinas 9,6 quilômetros, permanentemente.

ACIMA: Parte do sistema que levava água pelo deserto para a cidade de Los Angeles, a represa St. Francis desmoronou em 1928, inundou o vale a jusante e provocou a morte de 425 pessoas.

a cidade. O principal responsável por isso foi William Mulholland, nascido em Belfast, na Irlanda, engenheiro-chefe autodidata da Agência de Obras e Suprimento de Água de Los Angeles. Seu nome foi eternizado na Mulholland Drive, a rua sinuosa e ladeada por árvores que é o lar de alguns grandes astros de Hollywood. Entretanto, para levar água a Los Angeles, permitir que a cidade crescesse e seus jardins ficassem maravilhosamente verdejantes, um preço alto foi pago em outras regiões da Califórnia.

Foi o que aconteceu em Owens Valley, o vale do rio Owens, 370 quilômetros ao norte de Los Angeles, onde o degelo da neve da Sierra Nevada disponibilizava muita água para as fazendas locais. Em silêncio, na primeira década do século XX, os homens de Mulholland começaram a comprar essas terras — e os direitos de uso da água que as acompanhavam — sem revelar que era em nome da cidade de Los Angeles. Com a terra adquirida, Mulholland começou a construir um aqueduto para ligar o vale do rio a Los Angeles.

Terminado em 1913, o aqueduto de Los Angeles ainda é uma façanha da engenharia civil e usa a gravidade para levar água pelo deserto de Mojave até a cidade. No entanto, quanto mais a cidade crescia, mais água era necessária. Os fazendeiros de Owens Valley perceberam que o aqueduto levava a água de que precisavam em suas plantações e que o lago Owens, que tinha 19 quilômetros de comprimento e 13 de largura, estava se esvaziando. Em protesto, o aqueduto foi dinamitado algumas vezes. Apesar disso, o lago Owens secou em 1926. Hoje, carbonato de sódio nocivo e níquel carcinogênico sobem do leito do lago. É a maior fonte americana isolada de poluição do ar; por isso, uma imensa operação de limpeza está em andamento desde a década de 1990.

Apesar do mal-estar em Owens Valley, na década de 1920 Mulholland ainda era homenageado em Los Angeles — até sua reputação ser abalada por um desastre mais perto de casa. No *canyon* de San Francisquito, 64 quilômetros ao norte de Los Angeles, Mulholland e sua equipe construíram a represa de St. Francis. Ele copiou o projeto de um livro, mas não o modificou com o reforço das paredes quando a capacidade da represa aumentou; assim, a estrutura ficou instável. Inaugurada em 1926, certa noite, dois anos depois, a represa desmoronou, inundou o vale e matou 425 pessoas. O desastre ainda é a segunda maior perda de vidas da Califórnia depois do terremoto de São Francisco. Embora ninguém tenha sido considerado individualmente responsável, Mulholland culpou a si próprio, aposentou-se no ano seguinte e sumiu da vida pública.

**"A represa desmoronou, inundou o vale e matou 425 pessoas."**

Hoje, com mais de 4 milhões de habitantes, um terço da água de Los Angeles ainda é fornecida pelo aqueduto de Mulholland, no entanto, a posição ambiental da cidade continua precária, com preocupação constante com a seca e incêndios florestais.

## Hollywood

O primeiro estúdio foi inaugurado em 1914, porém, até o fim da década, Hollywood se tornou o coração do cinema americano. Enquanto outras cidades produziam carros e bens de consumo em massa, a produção em massa de Los Angeles eram os filmes. Surgiram os primeiros astros, como Mary Pickford e Charlie Chaplin; e logo que aprenderam o valor de seu apelo popular, negociaram contratos lucrativos.

No entanto, por serem bem pagos, amados pelas massas, bajulados pelos patrões, no fundo, eram muito conscientes da natureza instável da fama, sabiam que o estrelato era uma mistura volátil. Não é de surpreender que, assim como Hollywood amplia o rosto de seus astros na telona, também amplifica sua vida e os torna mais vulneráveis a excessos, como álcool, drogas, sexo, fama e fracasso. Quando o momento de um astro passa, a queda pode ser violenta. Com a chegada dos filmes sonoros em 1928, a carreira do astro da comédia Karl Dane balançou. Seu forte sotaque dinamarquês junto do público tornou-o impopular e ele foi demitido pela MGM; em 1934, Dane vendia cachorros-quentes diante da Paramount Pictures e pouco tempo depois matou-se com um tiro.

Muitos foram para Hollywood em busca de fama e fortuna e se decepcionaram. A bem-sucedida atriz de teatro Peg Entwistle

**ABAIXO: Karl Dane era um astro da comédia muda de Hollywood, mas, com a chegada dos filmes sonoros em 1928, seu sotaque dinamarquês tornou-o impopular e sua carreira desmoronou. Como as iniciativas subsequentes fracassaram, ele suicidou-se em 1934.**

conseguiu ser conhecida em Hollywood, mas não pelos filmes. Por não ter sido contratada por nenhum estúdio em 1924, ela subiu no alto do letreiro de Hollywood e se jogou.

## O maior escândalo de Hollywood

Não assistimos mais aos seus filmes, mas Roscoe "Fatty" Arbuckle é conhecido pelo envolvimento num dos escândalos mais famosos de Hollywood. Comediante popularíssimo do cinema mudo, que ganhava 1 milhão de dólares por ano, Arbuckle é lembrado por ter matado uma atriz num ato sexual sórdido. Só que ele não a matou.

Quando Virginia Rappe se sentiu mal numa festa dada por Arbuckle em São Francisco, em 1921, o médico examinou-a e diagnosticou como bebedeira. Dois dias depois, Rappe morreu de peritonite causada por um rompimento da bexiga. Bambina Maude Delmont, que foi à festa com Rappe, passou à ofensiva e acusou Arbuckle de ter estuprado Rappe, alegando que ele a tinha machucado. Delmont queria extorquir o astro? Bom, ela já tinha sido condenada por extorsão.

O agente de Rappe aprimorou a história e afirmou que Arbuckle usou um pedaço de gelo para simular sexo com Rappe. Quando isso saiu nos

jornais, o gelo se transformou numa garrafa que quebrou e causou feridas internas fatais. Mesmo antes do veredito, Delmont já lucrava com o caso e percorria o país com um espetáculo sobre o escândalo. Com tanta desinformação circulando, Arbuckle receberia um julgamento justo?

Não, até que fosse tarde demais. Embora as acusações de estupro e homicídio doloso fossem logo abandonadas, a de homicídio culposo permaneceu. Arbuckle passou por três julgamentos; os dois primeiros júris chegaram a um impasse, e os julgamentos foram considerados inconclusivos. O terceiro julgamento considerou-o não culpado, e o júri chegou a escrever uma carta de desculpas ao astro considerando-o "totalmente inocente".

**"Delmont já lucrava com o caso Arbuckle e viajava pelo país com um espetáculo sobre o escândalo."**

Inocente sim, mas Hollywood já lavara as mãos quanto ao astro maculado. Mais tarde, Arbuckle conseguiu voltar ao trabalho ocasional, porém, alquebrado e alcoólatra, morreu de enfarte em 1933.

Depois de histórias como a de Arbuckle, Hollywood esforçou-se para limpar a imagem — não por se comportar melhor, mas por silenciar tudo. Enquanto hoje o acesso público à vida dos astros é atentamente controlado pelos divulgadores, entre as décadas de 1920 e 1950 eram os estúdios que tomavam conta dos astros contratados. Os lobistas dos estúdios, como Eddie Mannix, da MGM, mantinham os escândalos longe dos olhos do público com relações estreitas com Buron Fitts, que ocupava o cargo eletivo de promotor público do distrito de Los Angeles. Louis B. Mayer, dono da MGM, foi o maior doador da campanha de Fitts à reeleição e atuava com a compra de silêncio: havia *bartenders*, policiais e funcionários de hospitais na folha de pagamento do estúdio. Também acredita-se que os lobistas encobriram homicídios, como os supostos suicídios de Paul Bern, marido de Jean Harlow, em 1932, e de George Reeves, astro televisivo de *As aventuras do Super-Homem*, em 1959, nunca muito convincentes.

**À ESQUERDA: O astro do cinema Roscoe "Fatty" Arbuckle, apoiado pela esposa Minta Durfee, durante o julgamento por homicídio culposo em 1921. Arbuckle passou por três julgamentos até ser considerado não culpado, mas o escândalo arruinou sua carreira.**

## O *crash* de Wall Street

Depois da Primeira Guerra Mundial, os EUA voltaram-se politicamente para dentro, mas em termos financeiros o país estava aberto ao mundo. Investia intensamente na Europa e, no comércio tornou-se o maior exportador do mundo e o segundo maior importador, depois da Grã-Bretanha. Especificamente, a indústria automotiva e os setores relacionados, como os de combustível e borracha para pneus, dispararam.

Em meados da década de 1920, a economia crescia cerca de 7% ao ano, e o valor das ações na Bolsa de Valores de Nova York aumentou 15

**ACIMA: Multidão diante da Bolsa de Valores de Nova York em 24 de outubro de 1929; a venda de ações se intensificou nos dias que precederam o *crash* de Wall Street. Na Depressão que se seguiu, o desemprego chegou a cerca de 24%.**

vezes de 1923 a 1929. Houve alertas de que o mercado estava superaquecido, mas, com tudo indo tão bem, foram ignorados e, em outubro de 1929, a bolha explodiu. Uma semana de pânico e vendas eliminou um terço do valor do mercado. Não foi só isso que jogou o país na Grande Depressão, porque somente 1% da população possuía ações, mas o *crash* foi um indicador da mudança do clima econômico. As pessoas começaram a apertar o cinto.

Com a queda de 20% dos gastos com bens de consumo só em 1930, fábricas fecharam e operários foram demitidos, o que fez muita gente deixar de pagar empréstimos e hipotecas. Isso expôs outra fraqueza dos Estados Unidos: sem banco central, os bancos locais só tinham reserva limitada e eram muito vulneráveis. Quando o *crash* provocou uma corrida aos bancos, eles não tinham a quem recorrer e fecharam; milhões de americanos viram suas economias desaparecerem. Entre 1929 e 1933, no mandato de Herbert Hoover, 20% dos bancos estadunidenses faliram. Em alguns locais, as pessoas recorreram à economia de trocas.

E não parou por aí. Como os Estados Unidos cortaram os empréstimos feitos no exterior e elevaram as tarifas sobre as importações estrangeiras, a Depressão se aprofundou pelo mundo. Nos EUA, favelas de sem-teto, apelidadas de *hoovervilles* por causa do presidente Hoover, surgiram em torno das principais cidades.

De 1933 a 1935, as condições de vida na Grande Depressão pioraram, porque a seca e os ventos fortes atingiram as fazendas do Meio-Oeste. E os novos métodos mecanizados de cultivo provocaram erosão do solo, transformando parte das Grandes Planícies num *dust bowl* ("prato de pó"). Alguns morreram de pneumonia com as tempestades de poeira, outros passaram fome e, em 1940, 2,5 milhões de pessoas haviam deixado os estados da região. Milhares de fazendeiros falidos foram a pé do Arkansas e do Oklahoma para o oeste, atrás de trabalho na Califórnia.

## OS MANIFESTANTES DO BÔNUS

No verão de 1932, 20 mil veteranos de guerra desempregados partiram para Washington, montaram barracas temporárias na cidade e exigiram que o governo lhes pagasse o bônus que lhes fora prometido para 1945. A manifestação era pacífica, até que alguns agitadores começaram a atiçar a situação. O exército mandou tanques e gás lacrimogênio, incendiou as barracas e deixou dois veteranos mortos a tiros e duas crianças asfixiadas pelo gás. Houve indignação generalizada com a reação violenta, mas Douglas MacArthur, chefe do Estado-Maior do Exército, argumentou que sua ação impediu que situações piores ocorressem.

À ESQUERDA: Manifestantes do Bônus acampados no gramado do Capitólio em Washington, em junho de 1932.

## GÂNGSTERES NA FÁBRICA DE SONHOS

Hollywood podia corromper e também ser corrompida. Com o fim da Lei Seca, alguns mafiosos foram para o oeste atrás de novos golpes. Primeiro, infiltraram-se no sindicato dos projecionistas e provocaram greves; depois foram para o sindicato dos técnicos cinematográficos, o IATSE (International Alliance of Theatrical Stage Employees, Aliança Internacional dos Funcionários de Palco Teatral), que tinha 12 mil associados. Como a força dos gângsteres de Chicago garantiu que fossem eleitos no sindicato, George Browne e Willie Bioff instalaram-se em seus novos papéis cobrando propinas dos estúdios de Hollywood. Cada um dos principais estúdios de Hollywood pagava 50 mil dólares por ano à dupla, os estúdios menores pagavam 25 mil, apenas para pressionarem por avanços mínimos nos direitos dos trabalhadores. Enquanto isso, os membros do sindicato tinham de contribuir com 2% do salário para o fundo sindical; dois terços iam para a quadrilha de Chicago, o resto ia para os bolsos de Bioff e Browne.

O que derrubou Bioff e Browne foi a tentativa de expandirem tomando a Screen Actors' Guild (SAG, Guilda dos Atores da Tela). Quando Robert Montgomery, presidente da guilda, contratou detetives particulares para investigar Bioff, logo veio à luz que ele não cumpriu pena por contratar uma prostituta em Chicago, em 1922, e que Joe Schenck, presidente da 20th Century Fox, lhe pagara 100 mil dólares. Por que, perguntaria o público, o presidente de um estúdio de cinema pagaria 100 mil dólares a um líder sindical?

Em 1941, depois de mais investigações, Schenck e Bioff foram levados a julgamento. Schenck concordou em entregar provas contra Bioff e só ficou quatro meses preso por suborno, antes de ser devolvido à Fox. Lá, com 69 anos, começou um relacionamento com a estrelinha adolescente Marilyn Monroe. Bioff, por sua vez, concordou em depor contra a Máfia de Chicago para escapar de uma pena longa em Alcatraz por evasão fiscal e extorsão. Isso levou à condenação de vários bandidos, como Frank "Enforcer" Nitti, que se matou no dia em que seu indiciamento lhe foi entregue.

Outros receberam penas de dez anos de prisão, enquanto Bioff e Browne saíram em liberdade condicional depois de três anos presos. Bioff foi viver em paz em Phoenix, no Arizona; porém, em 1955, alguém deixou uma bomba embaixo de seu carro. O assassinato nunca foi resolvido.

**À DIREITA:** Os destroços depois que o gângster Willie Bioff foi morto por uma bomba em Phoenix, no Arizona, em 1955.

## O New Deal

Na posse de Franklin D. Roosevelt como presidente, em março de 1933, um quarto da força de trabalho americana estava desempregada e bancos haviam falido em 38 estados. Rapidamente, Roosevelt revogou a Lei Seca, conseguiu reabrir muitos bancos e garantiu ao país que o dinheiro estaria melhor nos bancos do que embaixo do colchão. O clima já parecia um pouco mais animado. Naquele verão, a Lei Glass-Steagall separou os bancos de investimentos dos que lidavam com empréstimos e depósitos, pois a mistura dos dois contribuiu para o *crash* e a Grande Depressão — como aconteceria na crise financeira de 2008. Roosevelt tirou os Estados Unidos do padrão-ouro e desvalorizou o dólar, o que gerou demanda para as exportações americanas, agora mais baratas.

**"Hollywood podia corromper e também ser corrompida."**

Para combater o efeito do *dust bowl*, foram criadas leis para conservar o solo e plantar mais de 200 milhões de árvores do Canadá ao Texas. O governo federal iniciou um imenso programa de frentes de trabalho e empregou pessoas em obras, ensino e bibliotecas públicas. Em 1935, criou-se o seguro-desemprego; no decorrer da década, mais de um terço da população recebeu algum tipo de auxílio público. O país voltava a se levantar.

## Os ventos da guerra

Internacionalmente, foi em meados da década de 1930 que os Estados Unidos ficaram mais isolacionistas. Embora Woodrow Wilson esperasse, sem sucesso que os EUA fossem um grande participante da manutenção da paz mundial, as Leis de Neutralidade de 1935–1937 mantiveram o país fora de confusões estrangeiras e tornaram ilegal vender armas ou fazer empréstimos a nações beligerantes.

Mais uma vez, a neutralidade americana foi declarada quando a guerra começou na Europa, em setembro de 1939. Mas os Estados Unidos também tinham dito isso em 1914. No entanto, em 7 de dezembro de 1941, os japoneses atacaram a base naval de Pearl Harbor, no Havaí, e os EUA entraram em guerra mais uma vez.

**ABAIXO: O presidente Franklin D. Roosevelt (à esquerda) com o secretário de Agricultura Henry A. Wallace, numa transmissão radiofônica da Casa Branca sobre os programas agrícolas do New Deal, em julho de 1940.**

7

# SEGUNDA GUERRA MUNDIAL

Embora os Estados Unidos proclamassem sua neutralidade quando a Segunda Guerra Mundial começou na Europa em 1939, em poucos anos não só foi forçado a entrar no conflito mais sangrento da história mundial, mas também determinou o resultado da guerra. Assim, em 1945, o país assinalaria o início da era nuclear ao lançar bombas atômicas no Japão.

Os Estados Unidos declararam guerra ao Japão em 1941, no dia seguinte ao ataque a Pearl Harbor. No entanto, apesar das declarações desde o início da guerra, em setembro de 1939, o país não ficou totalmente neutro.

Embora houvesse muito sentimento antibélico nos EUA, o presidente Roosevelt era ferrenhamente antifascista e fornecia em silêncio, à Grã-Bretanha e à França, auxílio e apoio na luta contra a Alemanha de Adolf Hitler. Três meses depois de a Grã-Bretanha e a França entrarem na guerra, a Lei de Neutralidade americana foi revista para permitir que o país vendesse munição no esquema "pague e leve". Em setembro, os EUA deram à Grã-Bretanha cinquenta destróieres antigos, embora o ato fosse apresentado como acordo comercial e não como ajuda; em troca, a Grã-Bretanha

**PÁGINA AO LADO: Infantes americanos numa parte libertada da França, em agosto de 1944. Em 1941, quando os EUA entraram na guerra, havia menos de 2 milhões de americanos nas forças armadas; em 1945, eram mais de 12 milhões.**

## ATAQUES AOS ESTADOS UNIDOS

ACIMA: Famílias nipo-americanas reunidas em Turlock, na Califórnia, em maio de 1942, para serem enviadas a campos de confinamento no Arizona.

Com a expansão japonesa pelo Pacífico e os ataques a navios mercantes americanos, aumentou o temor de uma invasão à costa oeste americana. Não houve nenhuma tentativa de invasão, apenas ataques isolados. Em fevereiro de 1942, um submarino japonês disparou granadas no campo petrolífero de Ellwood, perto de Santa Barbara, no sul da Califórnia. Em junho do mesmo ano, outro submarino japonês disparou granadas em Fort Stevens, no rio Colúmbia, no Oregon, mas sem provocar avarias significativas. Três meses depois, o continente sofreu um único ataque aéreo quando um hidroavião que decolou de um submarino lançou duas bombas incendiárias nas montanhas do Oregon. Por causa do mau tempo e da ação das patrulhas de bombeiros, o fogo foi apagado com danos mínimos.

De novembro de 1944 a abril de 1945, a marinha japonesa lançou mais de 9 mil balões incendiários na direção da América do Norte. A maioria foi ineficaz, mas cinco crianças e uma mulher morreram no Oregon, quando uma das crianças mexeu numa bomba levada por um dos balões. Foram as únicas mortes da guerra em virtude da ação inimiga na área continental do país.

A preocupação com traidores dentro do país depois do ataque ao campo de Ellwood foi a justificativa para confinar os quase 120 mil nipo-americanos do país, quase dois terços deles cidadãos estadunidenses. É claro que a Alemanha e a Itália também estavam em guerra com os EUA, no entanto não houve confinamento dos muitos americanos de família alemã ou italiana. Como a proporção de nipo-americanos no Havaí era grande demais para o confinamento em massa, a lei marcial foi declarada nas ilhas.

No entanto, alguns nipo-americanos do Havaí, entre os quais ex-integrantes da Guarda Nacional, fizeram uma petição para servir nas forças armadas americanas e, em 1943, formou-se a 442ª Equipe de Combate Regimental de Infantaria com soldados nipo-americanos. Em geral, eram proibidos de participar da linha de frente na Guerra do Pacífico, porém alguns usaram seus conhecimentos linguísticos no trabalho de espionagem, enquanto outros lutaram na Europa. No total, cerca de 14 mil homens serviram na 442ª. Com a concessão de 9.486 medalhas Purple Heart de mérito militar, a unidade, em relação a seu tamanho, foi a mais condecorada na guerra.

ofereceu aos EUA arrendamento prolongado de bases navais. Do mesmo modo, em 1941 o projeto de lei de Empréstimos e Arrendamentos "fingiu" que grande quantidade de armamento seria apenas emprestada à Grã-Bretanha e à União Soviética devolvida após o uso.

**"Os oito encouraçados no porto foram avariados e quatro deles afundados."**

Em termos domésticos, o rearmamento aumentou e a convocação voltou a ser adotada. "Pelo menos indiretamente", escreve o historiador Philip Jenkins, "os Estados Unidos, em todos os aspectos essenciais, foram uma potência combatente em boa parte do ano de 1941".

O ataque em massa a Pearl Harbor pode ter vindo do nada, mas algum tipo de ataque era esperado, embora a Malásia e as Filipinas fossem consideradas alvos mais prováveis. Em 1937, um avião japonês afundou a canhoneira americana *Panay*, ancorada no rio Yangtzé, na China. Preocupados com a expansão imperialista japonesa na China e no sudeste da Ásia, os Estados Unidos já ofereciam ajuda secreta ao esforço de guerra chinês, inclusive com o uso de pilotos americanos. Depois do afundamento, os tratados comerciais com o Japão foram anulados e impuseram-se restrições econômicas — inclusive ao importante acesso ao petróleo americano.

## Pearl Harbor

Iniciado às 7h48 da manhã, o ataque a Pearl Harbor, em 7 de dezembro de 1941, consistiu de duas ondas de 353 aviões japoneses — caças, bombardeiros e aviões torpedeiros — lançados de seis porta-aviões, que os EUA não perceberam que estavam fazendo manobras para chegar bem próximo. Os oito encouraçados americanos no porto foram avariados, quatro deles afundados, enquanto três destróieres e três cruzadores foram avariados ou afundados.

**ABAIXO: O USS *Shaw* é alvejado nos ataques japoneses a Pearl Harbor, em 7 de dezembro de 1941. Em poucos meses, o destróier foi reparado e serviu no Pacífico até o final da guerra.**

Em duas horas, 2.400 estadunidenses morreram. Felizmente, os porta--aviões não estavam na base no momento e, portanto, não foram atingidos. Além disso, seis encouraçados avariados em Pearl Harbor voltaram ao serviço.

Depois disso ficou a expectativa de se os Estados Unidos se uniriam à Grã-Bretanha na guerra europeia contra a Alemanha. A questão foi rapidamente respondida quatro dias depois, quando Hitler declarou guerra aos EUA.

**"Alguns morreram de fome ou disenteria nas condições superlotadas e pouco higiênicas."**

## A campanha do Pacífico

Nos primeiros meses da guerra, a principal preocupação militar dos Estados Unidos era impedir a expansão japonesa pelo Pacífico. A Malásia caiu no dia seguinte ao ataque a Pearl Harbor, seguida das Índias Orientais Holandesas em março, da Birmânia e das Filipinas em maio. A Austrália também foi ameaçada, o porto e os campos de pouso de Darwin foram alvos de um grande ataque aéreo em fevereiro.

## A marcha da morte de Bataan

Com o avanço japonês nas Filipinas, 76 mil soldados estadunidenses e filipinos famintos ficaram presos na província de Bataan. Depois da rendição, em abril de 1942, eles foram forçados a marchar 97 quilômetros até serem levados de trem para um campo de prisioneiros. Alguns morreram de fome ou disenteria nas condições superlotadas e pouco higiênicas dos trens e do campo. Outros, considerados sub-humanos pelos japoneses por se renderem, foram surrados, feridos com baionetas e até decapitados na marcha — entre 7 e 10 mil prisioneiros de guerra foram mortos.

Depois da guerra, Masaharu Homma, comandante militar das Filipinas durante a ocupação japonesa, foi julgado e executado como criminoso de guerra, com mais sete oficiais de alta patente.

**ABAIXO: Prisioneiros de guerra americanos em Bataan, nas Filipinas, em 1942. Pouco depois, foram obrigados pelos japoneses a marchar 97 quilômetros até o campo de prisioneiros, e muitos morreram pelo caminho de exaustão ou doenças. Outros foram executados.**

## Virada da maré no Pacífico

Em maio de 1942, os Estados Unidos se reafirmaram no Pacífico com a primeira grande vitória na Batalha do Mar de Coral, que também marcou uma mudança da guerra: foi a primeira batalha em que porta-aviões se enfrentaram por meio de suas aeronaves, mas os navios nunca se avistaram nem atiraram diretamente uns nos outros. Os encouraçados se tornariam algo do passado, e as futuras batalhas navais seriam travadas por porta-aviões.

No mês seguinte, os Estados Unidos tiveram uma vitória ainda mais significativa. Os japoneses esperavam atrair a frota americana para uma armadilha no atol de Midway, localizado, como o nome indica, no meio do Pacífico. Mas os criptógrafos americanos descobriram a data planejada do ataque, e os EUA conseguiram surpreender a frota japonesa. Na batalha, os quatro grandes porta-aviões japoneses e um cruzador pesado foram afundados, enquanto os EUA perderam um porta-aviões e um destróier. Mais de trezentos estadunidenses morreram, mas os japoneses perderam dez vezes mais. Midway seria a virada da sorte americana na Guerra do Pacífico.

**ACIMA: Aviões da marinha americana atacam navios japoneses na Batalha de Midway, em junho de 1942. Com o afundamento dos quatro grandes porta-aviões do Japão, a batalha foi uma virada importante para os EUA na guerra do Pacífico.**

## SABOTADORES

ACIMA: O guarda costeiro John Cullen (à esquerda) recebe a comenda da Legião do Mérito por dar o alarme depois de encontrar espiões alemães na praia de Long Island.

Como a Alemanha não atacou abertamente o território americano, o que fazia o submarino *U-202* a menos de duzentos metros do litoral de Long Island, numa manhã de junho de 1942? Resposta: participava de uma estranha missão de sabotagem.

Naquele dia, o *U-202* e outro submarino na Flórida deixaram uma equipe de quatro agentes alemães no litoral americano. Os agentes haviam morado nos Estados Unidos em algum momento antes da guerra e tinham a missão de explodir fábricas e usinas elétricas. Mas com apenas dois meses de treinamento em espionagem, sua operação secreta logo começou a dar errado.

Os quatro agentes do *U-202* chegaram à praia num bote inflável, porém em minutos foram descobertos pelo guarda costeiro John Cullen. Quando questionado, Georg John Dasch, líder dos sabotadores, afirmou que eram pescadores e enfiou 260 dólares na mão de Cullen, na esperança de comprar seu silêncio.

Em desvantagem numérica, Cullen deixou os homens e levou a informação aos colegas. Enquanto isso, os agentes pegaram o trem para Nova York e se hospedaram num hotel. Seis dias depois, antes de sabotar alguma coisa, Dasch se entregou às autoridades.

Com as informações de Dasch, o FBI logo prendeu os outros agentes no país. Nenhum tentara sabotar nada ainda. Como cooperaram, Dasch e Ernst Peter Burger, outro agente, escaparam da pena de morte; receberam penas longas de prisão e foram deportados depois da guerra. Os seis candidatos a sabotadores restantes foram para a cadeira elétrica.

De acordo com Albert Speer, arquiteto de Hitler, o Führer estava inebriado com a ideia da "queda de Nova York em torres de labaredas", entretanto, com os Estados Unidos tão longe da Europa ocupada pelos alemães, essa operação fracassada foi a única tentativa desse tipo.

### O Teatro do Mediterrâneo

Os soldados da infantaria americana baseados na Europa entraram em ação em novembro de 1942, quando tropas britânicas e americanas ampliaram a campanha dos Aliados no norte da África com desembarques no Marrocos e na Argélia. Seis meses depois, os Aliados conseguiram expulsar as forças alemãs do norte da África, mas já era tarde demais para preparar naquele ano uma grande invasão na França ocupada pelos alemães, que era prioridade. Em vez disso, o ponto de ataque escolhido foi o Mediterrâneo, com a meta de derrubar a Itália e se aproximar das linhas alemãs pelo sul.

A partir de julho de 1943, a Sicília foi invadida numa grande operação aerotransportada e anfíbia de soldados americanos, britânicos, canadenses, franceses livres, australianos e sul-africanos contra as forças italianas e alemãs. Em seis semanas, a ilha foi tomada, o que permitiu a volta da navegação aliada pelo Mediterrâneo. Além disso, no fim de julho um golpe depôs o ditador italiano Benito Mussolini, e o governo italiano, embora abertamente continuasse na guerra, começou a abordar secretamente os Aliados para fazer um acordo de paz.

Em setembro, os Aliados atacaram a parte continental da Itália; dali a um mês, todo o sul da Itália estava em mãos aliadas — e nesse momento o avanço desacelerou. Em janeiro de 1944, as forças aliadas comandadas pelos americanos fizeram um desembarque anfíbio em Anzio, 46 quilômetros ao sul de Roma, com a intenção de flanquear a linha defensiva alemã que cruzava a Itália e ocupar a capital. Acabaram sendo bem-sucedidas, mas levaram 136 dias, com os aliados presos nos pântanos de Anzio durante boa parte desse tempo. A batalha custou 7 mil vidas aos Aliados, com 36 mil feridos ou desaparecidos.

Dois dias depois de ocupar Roma, a campanha italiana assumiu importância secundária; a invasão da França pelos Aliados havia finalmente começado.

## Bombardeio a partir da Grã-Bretanha

Em meados de 1942, bombardeiros americanos baseados na Grã-Bretanha lançaram ataques a toda Europa ocupada alvejando posições militares, fábricas de munição, parques industriais, portos e ferrovias da Alemanha,

**ABAIXO: Preparativos para a invasão aliada da Europa. Tanques embarcam em lanchas de desembarque americanas numa base naval na Tunísia para o ataque à Sicília em julho de 1943.**

com a meta secundária de baixar o moral civil também na França e nos Países Baixos ocupados. Com os Estados Unidos atacando durante o dia e os britânicos à noite, falava-se em "bombardeio de precisão", mas estima-se que apenas 20% das bombas caíram num raio de 300 metros do alvo.

Na noite de 13 para 14 de fevereiro de 1945, de forma muito controvertida, 722 bombardeiros Lancaster britânicos atacaram a cidade de Dresden com bombas altamente explosivas e dispositivos incendiários. No dia seguinte, 527 bombardeiros B-17 americanos assumiram o ataque. O bombardeio e a tempestade de fogo resultante destruíram cerca de 60% da parte pobre da cidade e mataram 25 mil pessoas.

**"Os negros podiam servir ao país, mas não ser servidos *no* país."**

Setenta anos depois, ainda se debatem os méritos do ataque, e muitos argumentam que a cidade cultural não tinha nenhum valor estratégico e foi bombardeada quando estava claro que a Alemanha perderia a guerra. No entanto, os defensores da ação afirmam que a cidade era um importante centro de comunicações e transporte ferroviário, com 110 fábricas e 50 mil operários que contribuíam para o esforço de guerra alemão.

Não que a vida da tripulação dos bombardeiros fosse isenta de riscos; nada disso. A probabilidade de dez tripulantes de uma "Fortaleza Voadora" B-17 completar a série de 25 missões e voltar aos Estados Unidos era uma chance dentre quatro; essa probabilidade piorou em 1944, quando o tempo de serviço foi ampliado para 30 missões. Até o fim da guerra, as forças aéreas do exército dos Estados Unidos perderam quase 10 mil bombardeiros, 8 mil caças e quase 80 mil homens.

## Operação Overlord

Quando chegou a hora da invasão da França pelos Aliados, em junho de 1944, os Estados Unidos produziam 40% dos armamentos do mundo e um americano, o general Dwight Eisenhower, comandava as forças armadas aliadas. Os EUA entraram tarde na guerra, mas agora eram o maior parceiro em investimento, armamento e efetivo humano da aliança anglo-americana.

A Alemanha previa um ataque anfíbio à França ocupada, mas achou que provavelmente seria no Passo de Calais, o ponto de travessia mais próximo da Grã-Bretanha. Em consequência, essa área estava especialmente bem defendida. Em vez disso, os Aliados escolheram a Normandia, mais a sudoeste e menos armada. No entanto, como a surpresa era importantíssima, os bombardeios contra os meios de transporte e colunas de suprimentos não aconteceram só na Normandia, mas em toda a França, para não revelar o local escolhido para a invasão.

## Dia D

Pouco antes da meia-noite de 5 de junho, 1.200 aviões decolaram da Inglaterra para levar divisões aerotransportadas de soldados americanos, britânicos e franceses livres para as zonas de pouso na França, atrás das linhas inimigas. Os bombardeios navais começaram às 5h45 da manhã seguinte, e a primeira lancha de desembarque da infantaria chegou às cinco praias-alvo 45 minutos depois. Os desembarques foram comandados por

# SEGREGAÇÃO E DISCRIMINAÇÃO

A guerra tirou os Estados Unidos da Grande Depressão, e o fluxo de negros do Sul que se mudavam para o Norte recomeçou. Mas a discriminação racial permanecia e, com o aumento dos migrantes que competiam por emprego e moradia, houve tumultos raciais em Detroit, estado de Michigan, no verão de 1943. Os distúrbios duraram três dias e causaram a morte de 34 pessoas, quase todas negras.

A discriminação também não terminou nas forças armadas. Os negros ainda serviam em unidades segregadas e, com mais frequência, em funções não combatentes, como no transporte e na construção. Eram abrigados em acomodações piores e proibidos de entrar em alguns bares e restaurantes. Podiam servir ao país, mas não ser servidos *no* país.

No entanto, o exterior foi uma experiência diferente. Na Grã-Bretanha, na Itália e na França não havia proibições formais, e os negros em geral estavam livres para ir aonde quisessem. Contudo, como seria a vida para eles quando voltassem aos Estados Unidos? No fim da guerra, quando seu navio passou pela Estátua da Liberdade e atracou em Nova York, um soldado afro-americano comentou: "Agora somos pretos sujos outra vez".

Em muitos casos foi verdade, mas os anos de guerra também afrouxaram a mobilidade social removendo grande proporção da população masculina jovem da força de trabalho e possibilitando que mulheres e afro-americanos ocupassem funções antes vedadas a eles.

**ABAIXO: As fábricas de Detroit empregaram negros do Sul no esforço de guerra. Entretanto, com a falta de moradia na cidade, os distúrbios raciais explodiram.**

À DIREITA: Desembarque no Dia D, 6 de junho de 1944. Soldados americanos são puxados para a terra, depois que a ação inimiga afundou sua lancha de desembarque ao largo da praia Utah, na Normandia.

forças americanas, britânicas e canadenses, mas forças polonesas, norueguesas, francesas livres e holandesas também estavam envolvidas. Naquele 6 de junho de 1944, 132 mil soldados aliados foram transportados por mar até as praias e outros 24 mil lançados de paraquedas na Normandia ou levados por planadores.

A meta do primeiro dia era avançar entre 10 e 16 quilômetros para o interior, interligar quatro cabeças de praia e tomar algumas cidades, como Caen. Nenhum desses objetivos foi atingido, e seria preciso dois meses para tomar Caen. Ainda assim, as praias foram ocupadas. As baixas dos Aliados no primeiro dia foram de, pelo menos, 10 mil homens, com 4.414 mortos confirmados; os alemães perderam mil soldados. Embora lentos no começo, os Aliados logo começaram a forçar o avanço a partir das praias.

Os desembarques na Normandia continuam a ser a maior invasão marítima da história, com cerca de 5 mil embarcações de assalto e transporte, 289 embarcações de escolta e 277 caça-minas. Até o término da Operação Overlord, mais de 1 milhão de soldados aliados desembarcariam na França.

## Da Normandia à Alemanha

Em agosto de 1944, cerca de 50 mil soldados alemães ficaram isolados quando os britânicos e americanos conseguiram cercá-los ao sul de Caen, no chamado Bolsão de Falaise. Dali, os Aliados partiram rumo a Paris e concluíram a libertação da capital francesa em 23 de agosto. Em setembro, estavam na Bélgica; em outubro, caiu Aachen, a primeira cidade alemã.

Entretanto, em dezembro veio a contraofensiva alemã, que empurrou as linhas aliadas cem quilômetros de volta à Bélgica. Chamada de Segunda Batalha das Ardenas ou Batalha do *Bulge* (bojo) — pela maneira como os alemães formaram um bojo nas linhas aliadas —, esse avanço alemão pela floresta das Ardenas pegou os Aliados de surpresa. Contudo, finalmente, os bombardeiros pesados dos Aliados conseguiram alvejar soldados e linhas de suprimento alemães e enfraquecer o abastecimento inimigo de combustível e munição. A partir daí, os Aliados empurraram sem parar os alemães exaustos de volta à Alemanha.

### O Holocausto

O 761º Batalhão Blindado, composto de soldados negros, foi uma das unidades americanas que libertou o campo de concentração nazista de Buchenwald, perto de Weimar, na Alemanha, em abril de 1945. Para o preso Ben Bender, judeu polonês de 17 anos, foram os primeiros rostos negros que viu em toda sua vida. Mas ele teve outra surpresa: "Não consegui entender por que pessoas com armas e aço tinham lágrimas nos olhos", disse ao ser entrevistado pelo *New York Times* quase cinquenta anos depois. "Em Buchenwald, ninguém chorava. As pessoas gemiam como animais feridos." Os soldados choraram ao ver os 20 mil prisioneiros definhados e macilentos e ajudaram como puderam, embora mais de 2 mil prisioneiros estivessem fracos demais para serem ajudados. É provável que mais de 42 mil pessoas já tivessem morrido no campo por fuzilamento, exaustão física pelo trabalho forçado e uso como cobaias em experimentos médicos. Outros 13.500 prisioneiros morreram em marchas forçadas para evacuar o campo, dias antes de os Aliados chegarem.

**"Em Buchenwald, ninguém chorava. As pessoas gemiam como animais feridos."**

Buchenwald foi apenas um dos muitos campos. No total, talvez 11 milhões de pessoas tenham morrido no Holocausto, inclusive 6 milhões de judeus — dois terços da população judaica da Europa. Outras vítimas das políticas genocidas de Hitler foram os comunistas, ciganos, poloneses e outros eslavos, cidadãos e prisioneiros de guerra soviéticos.

ABAIXO: Trabalhadores escravos no campo de concentração de Buchenwald, perto de Weimar, na Alemanha, dias depois de serem libertados por soldados estadunidenses, em abril de 1945.

## NATIVOS AMERICANOS

Embora não pudessem votar em muitos estados, o governo americano solicitou que todos os nativos do sexo masculino se alistassem para o serviço militar. Muitos se recusaram. Os seminoles declararam que ainda estavam em guerra com os EUA, enquanto os iroqueses afirmaram não se considerarem cidadãos americanos. Ainda assim, um terço de todos os indígenas capazes de servir e cerca de oitocentas mulheres indígenas entraram nas forças armadas para servir na guerra.

Além do seu papel em combate, os americanos nativos foram muito úteis nas comunicações secretas. Os fuzileiros navais americanos criaram uma unidade de codificadores navajos, com cerca de quatrocentos homens; os soldados bilíngues criaram um código em navajo para usar na comunicação pelo rádio — código que os japoneses nunca conseguiram decifrar. Uma abordagem semelhante foi adotada por soldados comanches e *choctaws*.

**ACIMA: Soldados falantes de *navajo* fazem transmissões codificadas pelo rádio na campanha das ilhas do Pacífico. Os japoneses nunca decifraram o código usado pelos *navajos*.**

### O fim na Europa

Na Europa oriental, Hitler e o líder soviético Josef Stalin começaram a guerra com um pacto de não agressão e concordaram em dividir a Polônia entre eles. Porém, em 1941 a Alemanha descumpriu o pacto e voltou-se contra a União Soviética. Grandes avanços foram feitos pelo território soviético, mas quando não conseguiu tomar a cidade de Stalingrado (hoje, Volgogrado) entre agosto de 1942 e fevereiro de 1943, a iniciativa alemã no Leste se perdeu, com grande número de soldados mortos e capturados. Depois, os russos começaram a recuperar terreno.

No início de abril de 1945, os Aliados se aproximaram da Alemanha por ambos os lados. Na frente oriental, menos de 2 milhões de soldados alemães combatiam contra mais de 6 milhões de soldados soviéticos, enquanto 1 milhão de soldados alemães no oeste enfrentavam 4 milhões de soldados aliados ocidentais. No fim do mês, enquanto tanques soviéticos avançavam pelas ruas de Berlim, Hitler se suicidou. A Alemanha se rendeu alguns dias depois. E a guerra na Europa terminou.

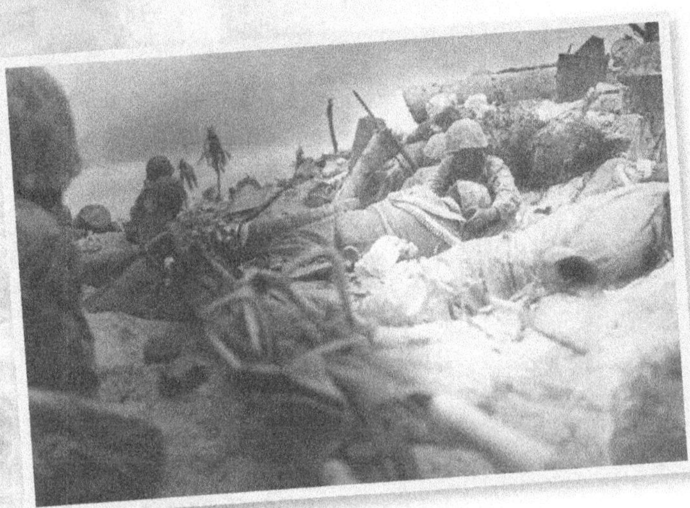

ACIMA: Pela primeira vez na guerra, os americanos enfrentaram forte oposição japonesa no desembarque anfíbio de fuzileiros navais nas praias de Tarawa, em 1943.

## Os últimos estágios no Pacífico

Depois da vitória americana em Midway, em 1942, os Aliados comandados pelos americanos iniciaram uma campanha prolongada para tomar as ilhas do Pacífico, mas os japoneses defenderam ferozmente suas conquistas. Os fuzileiros navais americanos levaram seis meses para conquistar Guadalcanal, nas Ilhas Salomão, e houve pesadas baixas em Tarawa, na Micronésia, em 1943. As forças japonesas, com efetivo de 4.500 homens, estavam bem entrincheiradas e resistiram ao desembarque anfíbio americano. Em 76 horas, mais de 1.500 soldados americanos foram mortos, e quase todos os soldados japoneses lutaram até a morte antes que a ilha fosse tomada. Dos 1.200 trabalhadores coreanos levados a Tarawa pelos japoneses para construir as defesas da ilha, só 129 sobreviveram.

## Hasteamento da bandeira em Iwo Jima

Mais perto das ilhas japonesas, Iwo Jima, pequena ilha vulcânica situada a meio caminho entre Tóquio e as ilhas Marianas, foi alvejada em fevereiro de 1945. Desde 1944, os sucessivos bombardeios aéreos não afetaram de forma significativa as defesas japonesas, que envolviam uma rede imensa de canhões e casamatas escondidos. Em 19 de fevereiro, os japoneses esperaram que 30 mil fuzileiros navais americanos desembarcassem nas praias para então abrir fogo e matar ou ferir 2 mil homens antes do fim do dia. Depois de quatro dias de combate, em 23 de fevereiro os fuzileiros navais chegaram ao pico do Monte Suribachi e hastearam lá a bandeira americana. A fotografia desse momento se tornaria um símbolo da coragem americana na guerra.

Contudo, demoraria mais um mês até que a ilha fosse finalmente ocupada. Novamente, as baixas foram altíssimas, mais de 20 mil entre os japoneses, com apenas 1.083 prisioneiros: os outros lutaram até a morte. Os fuzileiros navais americanos perderam 6.800 homens e tiveram quase 20 mil feridos. Com baixas tão altas, ainda se debate entre os historiadores se, estrategicamente, Iwo Jima valeu as baixas sofridas.

## *Kamikazes* em Okinawa

O maior ataque anfíbio da Guerra do Pacífico ocorreu em Okinawa, em abril de 1945, uma ilha grande a apenas 550 quilômetros do Japão. O plano era usar Okinawa como base para futuras operações aéreas americanas contra as ilhas do arquipélago japonês. No entanto, antes disso, os ataques a embarcações americanas, muitos realizados por pilotos *kamikaze* suicidas, provocaram 4.900 mortes estadunidenses e perda de 38 navios, enquanto em terra 75 mil soldados americanos foram mortos ou feridos em combate. Antes que a ilha fosse finalmente conquistada, 94% dos 110 mil soldados japoneses ali posicionados, além de muitos civis, foram mortos enquanto a defendiam.

## A bomba atômica

Apesar das imensas baixas japonesas quando os americanos se aproximaram do arquipélago do Japão e das tempestades de fogo provocadas pelo bombardeio americano às casas geralmente de madeira das cidades inimigas, a exigência de rendição incondicional não foi aceita. Houve um custo imenso em vidas americanas para tomar as ilhas do Pacífico, e agora estimava-se que invadir o Japão resultaria na morte de pelo menos mais

**ABAIXO: Em maio de 1945, o porta-aviões USS *Bunker Hill* foi atacado por dois *kamikazes* que causaram enorme incêndio. As baixas passaram de 600 homens, com 346 mortos.**

40 mil estadunidenses. Além disso, havia a preocupação de que a invasão provocasse ataques japoneses de vingança a prisioneiros de guerra dos Aliados.

Enquanto a guerra estava em andamento, o secreto Projeto Manhattan desenvolveu duas bombas atômicas utilizáveis. Depois de sopesar todas as considerações, o presidente Harry S. Truman (que sucedeu Roosevelt, falecido naquele mês de abril por causa de um derrame) tomou a decisão, com o consentimento da Grã-Bretanha, de lançar uma bomba atômica na cidade de Hiroshima em 6 de agosto. Embora fosse uma cidade industrial importante com grande guarnição militar, era inevitável que uma bomba daquele tamanho causasse baixas principalmente em civis.

**ACIMA: O fim da Segunda Guerra Mundial. A delegação da rendição japonesa a bordo do USS *Missouri* na baía de Tóquio, em 2 de setembro de 1945.**

Como nem assim o Japão se rendeu, três dias depois uma segunda bomba foi lançada em Nagasaki, um porto importante. No mesmo dia, a União Soviética entrou na Guerra do Pacífico. Finalmente o Japão cedeu, e a cerimônia formal de rendição se realizou a bordo do USS *Missouri*, na baía de Tóquio, em 2 de setembro. Terminava a Segunda Guerra Mundial.

Pelo menos 129 mil pessoas foram mortas pelas duas bombas atômicas, cerca de metade delas nos dias em que cada bomba caiu. Nos meses seguintes, muitos morreram pelo efeito das queimaduras e da doença da radiação, exacerbados pela desnutrição. O debate moral continua. O fim da guerra justificaria os ataques nucleares a Hiroshima e Nagasaki? Ou foram crimes de guerra?

**"Pelo menos 129 mil pessoas foram mortas pelas duas bombas atômicas."**

## Cálculo do custo

Mais de 16 milhões de americanos serviram nas forças armadas durante a guerra, dos quais 292 mil morreram em combate e 114 mil por outras causas. Incluindo os civis, as baixas alemãs ficaram entre 5 e 8 milhões, enquanto as japonesas chegaram a 3 milhões. Se contarmos as mortes civis e militares em todos os países envolvidos, mais de 60 milhões de pessoas morreram na guerra.

O que se conseguiu foi esmagar o violento imperialismo japonês no Pacífico, remover o fascismo italiano e destruir o regime fascista alemão genocida, que havia tomado a maior parte da Europa.

**PÁGINA AO LADO: A cidade de Nagasaki depois da queda da bomba atômica, em 9 de agosto de 1945. Pelo menos 35 mil pessoas foram mortas e 60 mil feridas pela bomba, e mais mortes ocorreram a longo prazo pelo efeito da radiação.**

## As novas superpotências

No fim da Segunda Guerra Mundial, os Estados Unidos eram a maior potência militar e econômica do mundo: a primeira superpotência. O único país com potencial de desafiá-los era a comunista União Soviética. Unidos contra o inimigo comum do fascismo, os EUA e a URSS foram aliados durante os combates, mas, mesmo antes que o conflito terminasse, a relação entre os dois se transformou numa guerra de um tipo diferente.

64 QUESTION to
96 SENATORS
Who Promoted Peress ?
SEN. McCARTHY
DESERVES
A CITATION
INSTEAD of CENSURE
MASSACHUSETTS
THANKS
Why Did
ALGER HISS
WANT TRIAL in VERMONT?
IF YOU

8

# INÍCIO DA GUERRA FRIA

A Segunda Guerra Mundial deixou a Europa exausta, e a união dos Aliados logo se desintegrou. Internacionalmente, soldados estadunidenses lutaram contra a expansão do comunismo, e em casa o país caçou comunistas reais e imaginários.

Em 1945, os Aliados, comandados por Estados Unidos, União Soviética e Grã-Bretanha, decidiram os termos da paz para dar fim à Segunda Guerra Mundial. Naquele mês de outubro, esses três países foram os membros fundadores das Nações Unidas. Mas, três anos depois, o presidente Truman escreveu a seu secretário de Estado George Marshall: "A Rússia vai dar o primeiro passo? Quem puxa o gatilho? Então, onde vamos?" Muita coisa mudaria nas relações internacionais e com muita rapidez.

Em vez de haver um período pacífico de reconstrução gradual, no verão de 1945 os vitoriosos já brigavam a respeito da paz. Agora que o antigo inimigo, o fascismo alemão, estava fora do caminho, as imensas diferenças entre as democracias capitalistas e o comunismo soviético ressurgiram. A União Soviética não recuou para as fronteiras anteriores à guerra e instalou governos comunistas em toda a Europa Oriental, descumprindo a promessa de permitir eleições livres. Já em março de 1945, Winston Churchill proferiu as palavras: "Desde Stettin, no Báltico, até Trieste, no Adriático, uma cortina de ferro desceu sobre o continente".

**PÁGINA AO LADO: Partidários do senador Joseph McCarthy, quando ele estava enfrentando acusações de censura em 1954. Nome mais associado aos expurgos anticomunistas das décadas de 1940 e 1950, McCarthy e seus métodos demagógicos provocaram a paranoia dos Estados Unidos durante a Guerra Fria.**

**ACIMA: Policiais militares estadunidenses na Berlim do pós-guerra. Com a União Soviética no controle de Berlim Oriental, os americanos, britânicos e franceses policiavam cada um sua zona em Berlim Ocidental.**

## Divisão da Alemanha

O destino da Alemanha representava a luta entre Oriente e Ocidente. Depois da guerra, o país foi dividido pelos Aliados, com as forças britânicas, francesas e americanas ocupando o oeste, e a União Soviética ficando com o leste. Mas Berlim, a capital, ficava bem a leste, e a cidade foi dividida numa miniversão do país todo, com zonas britânica, francesa e americana na parte oeste e o setor russo na parte leste. Isso estabeleceu as fronteiras por algum tempo, mas como o país seria reconstruído? E que tipo de governo ou sistema econômico teria? Não ficou decidido.

## Apoio à Grécia

Antes isolacionista, as duas guerras mundiais mostraram aos Estados Unidos a interdependência entre as nações. Desconfiado de quanto Stalin pretendia expandir a influência soviética na Europa, pela diplomacia ou pela coação, os Estados Unidos consideraram que apoiar a independência na Europa seria seu interesse nacional no longo prazo. Como a Grã-Bretanha, em crise econômica, não conseguiu apoiar as forças anticomunistas na Grécia em 1947, Truman apresentou sua defesa ao Congresso: "Os regimes totalitários impostos a povos livres, por agressão direta ou indireta, corroem as bases da paz internacional e, portanto, a segurança dos Estados Unidos". O discurso, que ficou conhecido como Doutrina Truman, descrevia o mundo à beira de cair na liberdade ou no totalitarismo — e todos entenderam que, com isso, ele queria dizer comunismo. Convencido, o Congresso concordou em enviar ajuda à Grécia.

## O Plano Marshall

Na Europa dilacerada pela guerra, o secretário de Estado americano George Marshall viu a pobreza e a recuperação lenta do continente e concluiu que a área estava prestes a ser presa do comunismo. Para evitar essa eventualidade, Marshall propôs um programa de auxílio, o Plano Marshall, visando reviver "uma economia funcional no mundo que favoreça o surgimento de condições políticas e econômicas nas quais possam existir instituições livres".

Como isso envolveria abrir os Estados-satélites soviéticos à economia de livre mercado, Stalin logo saiu das discussões; por outro lado, os EUA ofereceram 13 bilhões de dólares de ajuda à Europa Ocidental, de 1948 a 1952. No mesmo período, a União Soviética abasteceu com aproximadamente a mesma quantia da Europa Oriental.

A ansiedade ligada à União Soviética era tanta que, em março de 1948, Truman chegou a pedir ao Congresso que reinstaurasse o serviço militar obrigatório em tempos de paz, defendendo que, desde o fim da Segunda Guerra Mundial, "a União Soviética e seus agentes destruíram a independência e o caráter democrático de toda uma série de países na Europa central e oriental". A única outra ocasião em que houve serviço militar obrigatório em tempo de paz foi em 1940 — e o país logo entrou na guerra em pouco mais de um ano.

**ACIMA:** A primeira remessa de açúcar de ajuda estadunidense do Plano Marshall chega a Londres em fevereiro de 1949.

## O bloqueio de Berlim

Três anos depois do fim da guerra, a Alemanha ainda dependia de suprimentos aliados e havia se reduzido a uma economia de troca. Em junho de 1948, os EUA, a Grã-Bretanha e a França criaram uma nova moeda, o Deutschmark (marco alemão) em suas zonas no país, incluindo Berlim Ocidental. Rapidamente, as mercadorias voltaram a aparecer nas lojas alemãs ocidentais, mas o que isso causaria na parte oriental? A resposta de Stalin foi bloquear as vias de Berlim Ocidental, cortando os suprimentos daquela parte da cidade.

Comentaristas já descreviam a conjuntura geral entre Leste e Oeste como "Guerra Fria" — uma guerra de nervos. Agora esses nervos seriam postos à prova. O Ocidente não agravou a situação militarmente, mas os americanos e britânicos levaram auxílio via aérea e, no auge, aviões pousaram a cada trinta segundos para abastecer os 2 milhões de habitantes de Berlim Ocidental.

**"As duas guerras mundiais provaram aos Estados Unidos a interdependência entre as nações."**

Os soviéticos poderiam ter agravado a situação derrubando os aviões, mas não o fizeram. A ponte aérea durou até maio do ano seguinte, quando Stalin suspendeu o bloqueio. Como escreve o historiador David Reynolds,

**ACIMA: Em Berlim Ocidental, crianças observam um avião americano que, em 1948, traz suprimentos para a cidade bloqueada. Num período de onze meses, EUA, Grã-Bretanha e outros aliados ocidentais fizeram mais de 200 mil voos para abastecer Berlim.**

"seu blefe foi revelado, e ele não tinha estômago para a guerra". Uma situação sangrenta foi evitada.

Depois do bloqueio, o governo Truman defendeu a criação do Tratado do Atlântico Norte (que se tornaria a OTAN), no qual EUA, Canadá e países da Europa Ocidental prometiam lealdade uns aos outros caso um deles fosse atacado. Isso só reforçou a cortina de ferro, mas a situação já piorava mais a leste, quando, no mesmo ano, a União Soviética começou a testar bombas atômicas. Enquanto isso, a China, país mais populoso do mundo, caiu sob controle comunista.

## A Guerra da Coreia

Ocupada pelo Japão durante a Segunda Guerra Mundial, a Coreia, assim como a Alemanha, foi dividida pelos vitoriosos. As forças soviéticas ocuparam a parte norte da Coreia, e os soldados estadunidenses, o sul. O paralelo 38°, no qual os dois exércitos se encontravam, tornou-se a linha divisória entre dois sistemas políticos, os soviéticos apoiando o norte comunista, e os Estados Unidos apoiando a parte meridional.

**"Em junho de 1950, a Coreia do Norte pegou os EUA de surpresa e invadiu a Coreia do Sul."**

Em junho de 1950, a Coreia do Norte invadiu a do Sul, o que pegou os EUA de surpresa. Mas a reação do país também surpreenderia Stalin. Como os EUA não resistiram à tomada comunista da China, Stalin aprovou os planos da Coreia do Norte de controlar a Coreia toda, achando, ao que parece, que os Estados Unidos não se envolveriam. Entretanto, ao lembrar aonde a agressão sem restrições das ditaduras da década de 1930 tinham chegado,

## LAS VEGAS

"Os gângsters que administram os lugares são todos educados e encantadores", observou o ator e escritor inglês Noël Coward em Las Vegas, em 1955. "São produtos intrigantes de um país adolescente e curiosíssimo."

Aos olhos europeus, os Estados Unidos ainda eram um país jovem e Las Vegas era uma cidade nova num estado jovem; Nevada só entrou na União durante a Guerra de Secessão. Com a intenção de atrair gente de fora, na década de 1930 as autoridades de Nevada legalizaram o jogo e a prostituição e ofereceram divórcios rápidos. Assim, em 1941, o mafioso Meyer Lansky enviou Ben "Bugsy" Siegel a Nevada para administrar o serviço de informações Trans America Wire, essencial para os *bookmakers* (corretores de apostas) de todo o país saberem o resultado das corridas de cavalos. Siegel logo incluiu, no acordo com os *bookmakers*, que quem quisesse usar o serviço informativo teria de lhe dar parte dos lucros. Como afirmam os jornalistas Sally Denton e Roger Morris no livro *The Money and the Power* (O dinheiro e o poder), ele ainda lucrava com o tráfico de drogas na época da guerra, que chegavam aos EUA via México.

ACIMA: O "Rat Pack" — Frank Sinatra, Dean Martin, Sammy Davis Jr, Peter Lawford e Joey Bishop — em 1962, diante do Sands Hotel, em Las Vegas.

A ambição de Siegel era construir um cassino de luxo em Las Vegas, na época uma cidade pequena e sem graça no meio do deserto. Conseguiu, embora não vivesse mais para gozar o sucesso. Em dezembro de 1946, Siegel inaugurou o Flamingo Hotel & Casino, porém os outros membros da quadrilha estavam descontentes com a quantia investida no projeto suntuoso. O orçamento passara de 1 milhão para 6 milhões de dólares, com boatos de que Siegel ou sua namorada Virginia Hill tinham superfaturado o custo da obra. Embora no verão seguinte o Flamingo já desse lucro, era tarde demais para salvar Siegel. Ele foi morto a tiros em sua casa, em Los Angeles. Ninguém jamais foi julgado pelo homicídio.

No entanto, Las Vegas continuou. Outros cassinos, muitos financiados por banqueiros mórmons, seguiram o sucesso do Flamingo. Na década de 1950, a população da cidade triplicou para mais de 65 mil habitantes, e nos cassinos havia emprego suficiente para 17 mil pessoas. Astros como Ella Fitzgerald, Judy Garland e Frank Sinatra se apresentaram lá.

Na superfície, tudo parecia legalizado, mas a Comissão Kefauver de 1950–1951, um inquérito do Senado sobre o crime interestadual, conhecia muito bem os vínculos da cidade com o crime organizado. Os escritores Denton e Morris afirmam que Meyer Lansky, ainda lavando dinheiro das drogas em Las Vegas, estava por trás da maioria dos cassinos da Las Vegas Strip e que, a cada milhão de dólares declarado nos cassinos, 3 milhões eram sonegados — e a renda não declarada ia para contas bancárias na Suíça.

Apesar de todo o encanto pomposo, até o fim da década, Las Vegas já empregava o triplo de policiais das outras cidades de seu tamanho, e o estado de Nevada tinha a taxa mais alta de crimes e suicídios do país.

Truman sentiu que, "se a Coreia do Sul se tornar comunista, seus líderes serão incentivados a dominar países mais próximos do nosso".

Com o boicote da União Soviética à ONU na época, Truman conseguiu apoio da organização para que soldados comandados pelos EUA fossem enviados à Coreia do Sul. Em setembro, o general Douglas MacArthur desembarcou atrás das linhas inimigas, no Porto de Inchon. Logo, Seul, a capital sulista, estava de volta às mãos aliadas. Encorajado, MacArthur avançou sobre a Coreia do Norte, tomou a capital Pyongyang e ignorou os alertas da China para não se aproximar mais da sua fronteira.

**"Despreparados para o ataque chinês, os soldados da ONU foram vencidos e fugiram."**

O resultado foi que, em 25 de novembro de 1950, os soldados da ONU foram vencidos por milhares de soldados chineses. Despreparados, os soldados da ONU fugiram, e a linha de frente foi empurrada para o sul novamente, além do paralelo 38°. Por algum tempo, Seul ficou em mãos chinesas. Quando propôs abertamente invadir a China, MacArthur foi destituído do conflito como um todo. A guerra se arrastou num impasse até a negociação do cessar-fogo em 1953. As fronteiras voltaram para onde estavam no começo: no paralelo 38°. No total, a participação americana envolveu 5,7 milhões de homens e mulheres, com 34 mil mortos em combate.

## A ameaça vermelha

Durante a guerra, os decifradores do exército americano interceptaram telegramas entre Moscou e a embaixada soviética em Washington e descobriram que 349 estadunidenses se comunicavam secretamente com agentes soviéticos. Entre outros, as provas incriminaram o cientista Klaus Fuchs,

ABAIXO: Ethel e Julius Rosenberg numa van da penitenciária em março de 1951, depois de considerados culpados de espionagem para a União Soviética. Dois anos depois, foram executados na cadeira elétrica.

PÁGINA AO LADO: Convencido de que as greves nos estúdios de cinema faziam parte de uma conspiração comunista em Hollywood, J. Parnell Thomas, presidente do House Committee on Un-American Activities (HUAC), começou a atacar o setor cinematográfico em 1947.

que passara à União Soviética detalhes do teste atômico americano, permitindo que os soviéticos desenvolvessem sua própria bomba. Ele acabou por admitir sua culpa, foi preso e, mais tarde, emigrou para a Alemanha Oriental. Depois, apareceu Julius Rosenberg, desligado do exército americano quando se descobriu que tinha pertencido ao partido comunista. As provas revelaram que Rosenberg era líder de um grupo de espiões soviéticos e que ele e a esposa Ethel tinham passado à União Soviética informações sobre a bomba atômica. O casal foi julgado e executado na cadeira elétrica em junho de 1953.

**"McCarthy alertava para uma batalha final entre o ateísmo comunista e o cristianismo."**

Como esses casos de alto nível ocorreram ao mesmo tempo que aumentou a tensão entre Oriente e Ocidente e os tumultos trabalhistas da década de 1940 — 3 milhões de trabalhadores estavam em greve no início de 1946 —, talvez não surpreenda que a crença de que havia conspirações comunistas nos Estados Unidos pegasse. Truman deu ao FBI, comandado por J. Edgar Hoover, licença para investigar funcionários federais; no entanto, logo o presidente hesitou quando descobriu-se que o FBI de Hoover estava "envolvendo-se em escândalos sexuais e pura chantagem, quando deveria estar prendendo criminosos".

Na vida pública, em 1947, J. Parnall Thomas, presidente do House Committee on Un-American Activities (HUAC, Comitê Parlamentar sobre Atividades Antiamericanas da Câmara de Representantes), convenceu-se de que as greves nos estúdios de cinema eram inspiradas pelo comunismo e que os filmes eram usados para disseminar propaganda comunista. O HUAC atacou Hollywood e enviou a atores e cineastas intimações para interrogatório sobre sua afiliação política e a de outros na comunidade.

No ano seguinte, a liderança do Partido Comunista foi considerada culpada de tentar derrubar o governo, embora não tivesse feito nada para isso, além de distribuir livros e panfletos que defendiam esse comportamento. No entanto, em 1951, muitos estados proibiram o funcionamento do Partido Comunista e impuseram restrições a seus membros, chegando, em alguns casos, à remoção dos benefícios de bem-estar social. A maioria dos estados também criou juramentos de lealdade para funcionários públicos, forçados a jurar que não apoiavam nenhuma causa subversiva. Grandes indústrias também foram alvo, além de sindicatos radicais, como o United Electrical Workers (Trabalhadores Elétricos Unidos). Professores universitários e sindicatos de ensino também viraram suspeitos. Em consequência, uma onda de paranoia varreu o sistema educacional, com escolas e faculdades disputando para expurgar de seus livros qualquer coisa que pudesse ser considerada politicamente suspeita.

## O senador McCarthy

Em 1950, o senador republicano Joe McCarthy, do Wisconsin, acentuou a ameaça dos "vermelhos embaixo da cama" e, num de seus muitos discursos apocalípticos, deu um alerta sobre "a batalha total e final entre o ateísmo comunista e o cristianismo". Assim como os governos comunistas oprimiam os católicos na Polônia, Tchecoslováquia e Hungria, os expurgos anticomunistas dos Estados Unidos geraram o fervor da perseguição

**PÁGINA AO LADO: Os críticos do senador McCarthy acusavam-no de demagogia, calúnias sem base e difamação, mas ele afirmava que "o macartismo é o americanismo de mangas arregaçadas". Em 1954, ele perdeu o apoio político e popular e foi censurado pelo Senado.**

religiosa. Muitas vezes descrita como caça às bruxas, era dificílimo para os suspeitos de simpatizarem com os comunistas provarem sua inocência. Um dos métodos era tornar-se informante e citar colegas ou ex-amigos como forma de desviar a culpa e a atenção para outro lugar. Num clima político apresentado como o capitalismo contra o comunismo, o bem contra o mal, a demagogia simplista do macartismo prosperou.

## A lista negra

As pessoas acusadas de simpatizar com os comunistas, ainda que de forma não provada, que trabalhavam no setor de cinema, rádio e televisão logo se viram numa lista negra. A escritora Dorothy Parker recebeu várias encomendas de Hollywood na década de 1940, mas o trabalho para os estúdios sumiu em 1950, quando seu nome apareceu no panfleto *Red Channels* ("canais vermelhos"), que listava 151 pessoas de lealdade duvidosa aos Estados Unidos. No total, estima-se que mais de trezentas pessoas entraram na lista negra de Hollywood e 1.500 nas listas de TV e rádio.

Em 1955, o cantor *folk* Pete Seeger se recusou a citar diante do HUAC ligações pessoais e políticas, porque isso violaria seu direito de liberdade de expressão assegurado na Primeira Emenda. Condenado por desacato ao Congresso, por alguns anos ele teve de avisar às autoridades federais quando planejava sair do Southern District de Nova York.

Na década de 1930, a cultura americana se beneficiou com os novos imigrantes que fugiram da Alemanha nazista, como o maestro Otto Klemperer, o cineasta Billy Wilder e o ator Peter Lorre. Mas, nos anos anticomunistas dos Estados Unidos, a perseguição gerou tráfego no sentido oposto. Por causa de suas opiniões esquerdistas, o passaporte americano de Klemperer não foi renovado, e ele acabou mudando-se para a Alemanha Ocidental em 1954. Os diretores de cinema americanos Joseph Losey e Jules Dassin, colocados na lista negra, deixaram para sempre os Estados Unidos e começaram novas carreiras na Europa.

ABAIXO: Por se recusar a responder às perguntas diante do House Committee on Un-American Activities, pois isso violava seu direito de liberdade de expressão garantido pela Primeira Emenda, o músico Peter Seeger foi condenado por desacato ao Congresso em 1955.

## A queda de McCarthy

Como os julgamentos das bruxas de Salém na década de 1690, a histeria crescente incentivada pelo senador McCarthy só parou quando os inquisidores se superaram e visaram aos poderes constituídos. Em Salém, os magistrados abandonaram a credulidade quando houve acusações a um homem importante da igreja; do mesmo modo, quando McCarthy sugeriu que havia comunistas no exército americano, os militares puderam revidar.

Com o mal-estar crescente do público e dos políticos com McCarthy, em 1954 ele foi censurado pelo Senado. Na época alcoólatra, ele foi praticamente ignorado em termos políticos e morreu três anos depois. Embora McCarthy tenha caído em desgraça, o espírito da época de culpa por suspeita durou

## CHAPLIN ERRANTE

Apesar de compilar um arquivo de duas mil páginas, o FBI nunca encontrou nenhum indício de que Charlie Chaplin fosse comunista, porém ele defendeu as liberdades civis dos comunistas e, durante a Segunda Guerra Mundial, declarou que os EUA deveriam ajudar a União Soviética. Por isso, atraiu inimigos poderosos.

Quando a atriz Joan Barry, de 22 anos, abriu um processo de paternidade contra Chaplin, as autoridades federais aproveitaram o caso e condenaram o astro em 1944 pela Lei Mann — um estatuto raramente utilizado e tirado da gaveta quando querem importunar alguém —, que dizia ser crime federal transportar uma mulher por fronteiras estaduais com propósitos imorais. Embora os exames de sangue provassem que Chaplin não era pai do filho de Joan Barry, ele *pagou* a passagem de trem dela para Nova York, onde a encontrou. Durante o julgamento, a promotoria atacou Chaplin como "mestre na arte da sedução". Apesar das provas científicas, ele perdeu o processo de paternidade e foi forçado a pagar pensão para a criança. Isso foi um golpe para o nome do comediante, embora o custo financeiro não o prejudicasse muito.

No entanto, como muitos personagens de Hollywood, Chaplin não era americano. Embora morasse nos Estados Unidos havia quarenta anos e ali tivesse feito fama, o ator nascido em Londres sempre manteve o passaporte britânico. Agora, isso seria usado contra ele. Em 1953, enquanto estava no exterior, seus adversários viram a oportunidade e rescindiram seu visto de entrada. Um porta-voz do Departamento de Justiça citou a cláusula de que estrangeiros podiam ser proibidos de entrar no país com base em "moral, saúde ou insanidade, por defender o comunismo ou se associar a comunistas ou organizações pró-comunistas".

Amargurado com esse tratamento, Chaplin não recorreu da decisão e se instalou na Suíça. Só voltou a visitar os Estados Unidos em 1972 para receber um Oscar honorário.

**ACIMA: Charlie Chaplin (em primeiro plano, o segundo a partir da esquerda) e Joan Barry no tribunal, durante o processo de paternidade de Barry contra o astro de Hollywood em dezembro de 1944. Apesar de exames de sangue provarem que não era o pai da criança, Chaplin perdeu o processo.**

toda a década de 1950 e, em alguns casos, chegou até a década de 1970, até que se extinguiu.

**"A história dos marginais Bonnie e Clyde reverberou entre os leitores da Grande Depressão."**

## Operações secretas

Embora por um lado os Estados Unidos desenvolvessem armas nucleares de longo alcance cada vez maiores, por outro, começava a fomentar um trabalho secreto que não exigia arsenais nucleares nem mesmo soldados em terra. Formada em 1947, a Central Intelligence Agency (CIA, Agência Central de Inteligência) ajudou, em 1953, a derrubar o governo de Mossadegh no Irã, que ameaçava o acesso ocidental às reservas de petróleo do país. No ano seguinte, na Guatemala, a CIA treinou um "Exército de Libertação" de quinhentos homens para derrubar o governo socialista democraticamente eleito de Jacobo Arbenz, cujos programas de reforma desafiavam o interesse da americana United Fruit Company. O coronel exilado Carlos Castillo Armas desembarcou do avião do embaixador americano e tomou o poder. Seu governo pode ter atendido aos interesses da United Fruit Company, mas prendeu milhares de adversários políticos, acabou com o voto secreto e tirou o direito de voto de três quartos do eleitorado. Depois de três anos de mandato, foi assassinado.

Os governos de Mossadegh e o de Arbenz não eram comunistas, mas, durante a Guerra Fria, a luta seria ampliada para incluir países que talvez fossem tomados pelo comunismo ou que fossem antiocidentais.

**ABAIXO:** Em novembro de 1958, Laika foi o primeiro animal a entrar em órbita, lançada pelo satélite soviético *Sputnik 2*. Em 2002, admitiu-se que ela morreu poucas horas depois do início da missão.

## A corrida espacial

Com apenas 7% da população mundial, em 1950 os Estados Unidos eram responsáveis por metade da produção industrial. No entanto, em outubro de 1957, o país sofreu um choque severo em sua autoconfiança, quando a União Soviética venceu os EUA no espaço com o lançamento do Sputnik 1, o primeiro satélite artificial. No mês seguinte, com o Sputnik 2, Laika se tornou o primeiro cão a ir para o espaço. Em resposta, Eisenhower criou imediatamente a NASA (National Aeronautics and Space Agency, Agência Nacional de Espaço e Aeronáutica), e depois a Lei Nacional de Educação para a Defesa, de 1958, garantiu o apoio federal ao ensino de matemática e ciência nas escolas. A década de 1960 veria o resultado do esforço dos Estados Unidos para vencer no espaço.

## A guerra de nervos

Embora se envolvessem na Coreia, os Estados Unidos não interferiram quando a Indochina francesa caiu sob o domínio comunista em 1954 nem quando as forças soviéticas invadiram a Hungria depois do levante de 1956, apesar de condenar a ação. Se interferissem, haveria o risco de confronto direto com Moscou, e isso ninguém queria. No entanto, a Guerra Fria continuaria pelos próximos trinta anos, com diversos níveis de intensidade.

A década seguinte veria a luta declarada e a guerra quase nuclear entre os países do Oriente e os do Ocidente; e em casa a tensão entre negros e brancos só aumentava.

## ONDA DE ASSASSINATOS

Jovens amantes em fuga, furtando carros e matando vítimas antes do desenlace sangrento com a lei: todo mundo logo pensa em Bonnie Parker e Clyde Barrow, no início da década de 1930, certo? Bem, poderiam ter sido, mas na década de 1950 também houve Charles Starkweather, de 19 anos, e a namorada Caril Ann Fugate, de 14. De novembro de 1957 a janeiro de 1958, Starkweather matou onze pessoas em Nebraska e Wyoming, começando por um frentista de posto de gasolina que se recusou a lhe vender fiado; depois vieram a mãe e o padrasto de Fugate e até sua meia-irmã de 2 anos. Então, quando Fugate se uniu a Starkweather, o casal provocou uma onda de assassinatos matando para roubar carros e dinheiro. Quando foram capturados, Starkweather foi para a cadeira elétrica, e Fugate, que sempre se disse inocente, cumpriu dezessete anos da pena de prisão perpétua.

Estranhamente, apesar de uma história tão sórdida, Starkweather e Fugate atraíram a imaginação popular de um jeito romântico. O filme *Terra de ninguém*, de 1973, inspirou-se frouxamente na sua história, e os dois são tema da canção "Nebraska", lançada por Bruce Springsteen em 1982. Do mesmo modo, Bonnie e Clyde, que roubaram mercearias e mataram treze pessoas antes de serem mortos pela polícia na Louisiana, em 1934, foram homenageados por músicas e filmes, principalmente pelo filme de 1967 estrelado por Faye Dunaway e Warren Beatty.

Beneficiados por fotografias atraentes publicadas em jornais, a história dos marginais Bonnie e Clyde reverberou entre os leitores da Grande Depressão. Parecia um casal que lutava contra um sistema insensível, embora as pessoas que eles roubavam dificilmente estivessem em condições muito melhores que eles. Os dois eram os supremos marginais.

Mas talvez haja outro elemento que cause empatia com esses casais criminosos. Será que violência, armas e fuga para a natureza selvagem fazem parte do mito dos Estados Unidos? Em vez de um caubói com um cavalo, temos o ladrão com um carro, sozinho contra o mundo — a não ser, talvez, pela amante envolvida numa *folie à deux* (loucura a dois, em tradução livre).

Assim como a atração do mito do caubói violento, mas justo, numa terra injusta, o casal de assassinos foi reformulado como dois indivíduos desesperados que lutam contra um sistema injusto. A ideia traz para a era moderna parte do espírito da fronteira dos Estados Unidos.

**À DIREITA: Jovens, apaixonados e elegantes, os fora-da-lei Bonnie Parker e Clyde Barrow povoaram a imaginação popular no início da década de 1930.**

# 9

# O MOVIMENTO DOS DIREITOS CIVIS

Embora a cidadania plena tivesse sido concedida aos afro-americanos depois da Guerra de Secessão, as leis estaduais subsequentes garantiram que os negros continuassem como cidadãos de segunda classe. Quase um século depois, o Movimento dos Direitos Civis enfrentaria violência e mortes até a segregação e a discriminação se tornarem ilegais.

Com fuzis prontos e baionetas fixadas, mais de mil paraquedistas cercaram o prédio. Havia uma multidão de 1.500 pessoas reunida. Um homem tentou pegar o fuzil de um soldado e foi derrubado. Sete pessoas foram presas.

Multidões? Paraquedistas? O que causaria tanta comoção? Nada além de nove adolescentes que tentavam entrar na nova escola. Não eram celebridades (ainda não) e não era uma escola especial, apenas a escola Central (equivalente ao ensino médio atual) de Little Rock, no Arkansas. A questão é que os adolescentes eram negros e, até aquele semestre, em setembro de 1957, a escola era exclusiva para crianças brancas.

Escoltados pelos paraquedistas, os adolescentes conseguiram assistir às primeiras aulas não segregadas do ensino médio. Mas seria mesmo necessário mandar paraquedistas para protegê-los? A polícia ou a Guarda Nacional não garantiriam sua segurança? Pois é, não. Três semanas antes,

**PÁGINA AO LADO: Em agosto de 1963, diante do Memorial de Lincoln, em Washington, a multidão de 250 mil pessoas de raças diferentes escuta Martin Luther King Jr. exigir justiça e igualdade racial em seu discurso "Eu tenho um sonho".**

as mesmas crianças foram impedidas de se matricular naquela escola *pela* Guarda Nacional.

Tal como já foi demonstrado várias vezes nas décadas de 1950 e 1960, a dessegregação, tanto nas escolas quanto em outros setores da sociedade, não era uma questão apenas racial. Assim como ocorreu em grande parte da história dos Estados Unidos no século anterior, esse fato ilustrou o conflito entre a autoridade do governo federal e cada estado, além das atitudes do norte e do sul.

## Antes do movimento dos direitos civis

As leis de segregação Jim Crow aprovadas nos estados do Sul no início do século XX, que decretaram balcões para almoço e bebedouros separados para negros e brancos, além de determinar que os negros teriam de embarcar nos ônibus pela porta traseira e ceder o lugar a um branco se o ônibus lotasse, ainda estavam em vigor depois da Segunda Guerra Mundial. Era comum os negros não terem direito a voto no Sul, onde as leis estaduais dificultavam o registro eleitoral. Em alguns lugares, a questão não era o simples preenchimento de formulários; para os negros, votar geralmente significava visitar o cartório todos os meses, nos poucos horários — e possivelmente inconvenientes — em que estava aberto e responder a perguntas obscuras. No Alabama, uma dessas perguntas era: "Se o presidente não quiser assinar um projeto de lei, em quantos dias terá de devolvê-lo ao Congresso para reconsideração?" Não surpreende que, no Alabama e no Mississipi, menos de 10% da população negra em idade de votar estivessem inscritos no início da década de 1960.

**ABAIXO: Dessegregação das escolas no Sul. Os primeiros alunos negros da escola Central de Little Rock, Arkansas, saíram da escola sob escolta de paraquedistas em 1957.**

## Pequenos passos

Na década de 1930, houve avanços para os afro-americanos no país todo. Em 1932, por exemplo, a Suprema Corte determinou que réus negros julgados por crimes passíveis de pena de morte precisariam de representação legal adequada. Em 1946, o Comitê de Direitos Civis recomendou leis contra a discriminação no emprego e no voto, além de uma lei federal contra os linchamentos; dois anos depois, as forças armadas foram dessegregadas. Em 1947, Jackie Robinson se tornou o primeiro afro-americano a jogar num time importante da liga de beisebol e abriu a porta para os outros.

**À ESQUERDA:** Em 1947, Jackie Robinson entrou no time do Brooklyn Dodgers e se tornou o primeiro afro-americano a jogar beisebol na liga principal.

A população também passou a se deslocar. Em 1910, 90% dos negros viviam no sul; na década de 1960, metade já vivia no norte; em termos gerais, agora a população afro-americana era mais urbana do que rural. No entanto, os pobres continuavam sendo, de forma desproporcional, a população não branca e o aumento das expectativas dos negros intensificava o ressentimento contra a subjugação racial no sul e a discriminação no norte. "A raça", escreve o historiador David Reynolds, "continuava a ser o calcanhar de Aquiles dos Estados Unidos, o verme na maçã rosada da prosperidade".

## Dias de aula

Em 1896, a Suprema Corte permitiu a segregação de alunos em escolas para negros e brancos com a decisão de que as instalações fossem "separadas, mas iguais". Porém, como a questão da igualdade foi deixada a cargo de cada estado, as escolas negras do sul tornaram-se claramente desiguais. Em 1954, depois de iniciativas da National Association for the Advancement of Colored People — NAACP (Associação Nacional para os Avanços das Pessoas de Cor), presidida pelo advogado negro Thurgood Marshall, a Suprema Corte julgou um processo sobre a segregação nas escolas do Kansas. Ficou decidido que, mesmo que as escolas fossem iguais, a segregação com base na raça "gera sensação de inferioridade" nos alunos, e as "instalações educacionais separadas são inerentemente desiguais". Para muitos, soou como o renascimento da liberdade prometida depois da Guerra de Secessão. No entanto, para alguns segregacionistas isso era "doutrina socialista" e mostrava que o governo federal, nas palavras do juiz Tom Brady, do Mississipi, tinha "usurpado o privilégio e o direito sagrados dos respectivos estados desta União de educar a sua juventude". No argumento, a questão não era a raça, mas a autoridade política.

**"Para muitos, dessegregar as escolas soou como o renascimento da liberdade prometida depois da Guerra de Secessão."**

Assim como a igualdade das escolas segregadas foi deixada a cargo dos estados individualmente, agora caberia à elite política sulista cuidar da dessegregação nas escolas. A Suprema Corte tomara sua decisão, mas os políticos não apressariam o processo se não fossem obrigados. Até o presidente Eisenhower admitiu, no particular, que a decisão da Suprema Corte "retardou em pelo menos quinze anos o progresso no Sul" e que forçar a dessegregação era "pura maluquice". Mas, enquanto os políticos arrastavam os pés, os estadunidenses negros se posicionavam.

## Nos fundos do ônibus

Em 1º de dezembro de 1955, numa quinta-feira, Rosa Parks, costureira de 42 anos de Montgomery, no Alabama, ignorou a ordem do motorista de ceder seu lugar a um branco. Em consequência, Parks, que também era secretária da divisão da NAACP em Montgomery, foi presa e indiciada de acordo com as leis de segregação da cidade. Mais tarde, ela explicou sua ação como forma de descobrir "que direitos eu tinha como ser humano e cidadã".

Na noite seguinte, quando o presidente da NAACP de Montgomery pagou sua fiança, a entidade decidiu usar o caso como protesto contra a segregação. No dia do julgamento, houve um boicote aos ônibus pelos afro-americanos na cidade inteira.

**ACIMA: Rosa Parks tem suas digitais colhidas depois de presa, por se recusar a ceder seu lugar a um passageiro branco num ônibus de Birmingham, Alabama, em dezembro de 1955.**

A Montgomery Improvement Association (Associação para Melhorias de Montgomery) foi fundada no mesmo dia em que o líder Martin Luther King Jr, de 26 anos, foi eleito. Com educação superior e PhD da Universidade de Boston, King foi criado na Geórgia e se tornou ministro religioso em Montgomery. Desde seu primeiro discurso, exigiu protestos não violentos contra a opressão. "Em nossos protestos, não haverá queima de cruzes", disse, em referência à Ku Klux Klan, "nenhum branco será tirado do lar por uma turba de negros encapuzados e violentamente assassinado". King recordou ao público que a lei, pelo menos a lei federal, já estava ao lado deles: "Se estivermos errados, a Suprema Corte desta nação está errada. Se estivermos errados, a Constituição dos Estados Unidos está errada". O boicote aos ônibus, um protesto não violento e a princípio planejado para um único dia, continuou. Com o tempo, a empresa de ônibus e as empresas locais começaram a sentir os efeitos.

Não que nas semanas seguintes não houvesse violência *contra* os negros. Houve até mesmo a destruição da frente da casa de King por uma bomba. No entanto, o processo contra os ônibus segregados chegou aos tribunais. Em novembro seguinte, a Suprema Corte declarou que os ônibus segregados de Montgomery eram inconstitucionais. Os protestos pacíficos e a teimosia jurídica deram certo. No total, o boicote aos ônibus durou mais de um ano e no Natal de 1956, Montgomery deu fim à segregação no transporte público. Incentivados, afro-americanos de outras cidades do sul começaram a boicotar os ônibus.

## Os nove de Little Rock

Os eventos da escola Central de Little Rock, no Arkansas, aconteceram nove meses depois da dessegregação dos ônibus de Montgomery. Apesar da ordem do Tribunal Distrital Federal de dessegregar as escolas, Orval Faubus, governador do estado, bloqueou a integração com o argumento de que "correria sangue pelas ruas" e, portanto, ele agia para preservar a paz. Assim, em 4 de setembro, quando os nove adolescentes negros chegaram para o primeiro dia de aula na escola, Faubus mandou a Guarda Nacional impedi-los no caminho. Uma multidão de mais de quatrocentos homens e mulheres brancos se reuniu e alguns gritaram: "Voltem para casa, negros sujos". Os adolescentes desistiram e voltaram.

**"Enquanto os políticos arrastavam os pés, os americanos negros tomavam posição."**

No entanto, a raça não era a única questão; a classe social também tinha seu papel. Em Little Rock, havia outras escolas de ensino médio, algumas em áreas mais ricas, mas só a Central High, que era frequentada principalmente por famílias operárias, foi escolhida para a dessegregação. Amis Guthridge, porta-voz do Capital Citizens' Council (Conselho dos Cidadãos Importantes), contrário à dessegregação, aumentou o ressentimento ao dizer aos brancos pobres que os ricos faziam questão de que "a única mistura racial fosse feita nos bairros onde moram os chamados caipiras". Sua questão era que os brancos pobres tinham mais a temer, em termos econômicos e sociais, com a mobilidade social dos negros.

A ação do governador Faubus para bloquear a integração desafiava a Suprema Corte. Como ele não cedeu, o presidente Eisenhower passou por cima, mandou os paraquedistas e federalizou a Guarda Nacional do Arkansas com efetivo de dez mil homens.

Os alunos negros foram à escola, mas os problemas não acabaram. Muitas vezes agredida por outros alunos, uma moça foi suspensa depois de jogar comida num colega que a provocava, apenas para ser expulsa posteriormente. Os outros, contudo, conseguiram terminar o ano letivo. No ano seguinte, decidiram fechar as quatro escolas públicas de Little Rock para evitar que a situação se repetisse. Foi necessária uma decisão da Suprema Corte para que reabrissem.

**ABAIXO: "Mistura de raças é comunismo" e "Detenham a marcha de raças mistas do anticristo" diziam os cartazes erguidos por manifestantes contrários à dessegregação das escolas diante do edifício do Capitólio em Little Rock, no estado do Arkansas, em 1959.**

## Protestos não violentos

Outros protestos negros ocorreram em todo o sul, de forma organizada, em 1960 e 1961 . Inspirados na ação não violenta de Mahatma Gandhi, grupos negros como Congress On Racial Equality — CORE (Congresso de Igualdade Social) e Southern Christian Leadership Conference — SCLC (Conferência de Liderança Cristã do Sul), de Martin Luther King, eram bem organizados, formado por jovens negros e brancos que se preparavam para os protestos encenando o que diriam e fariam quando provocados.

Também foram incentivados globalmente: em 1960, dezesseis países africanos conquistaram a independência de países europeus. "Eles estavam conseguindo sua liberdade", disse John Lewis, um dos fundadores do Student Non-Violent Coordinating Committee — SNCC (Comitê Estudantil de Coordenação Não Violenta), "e ainda não tínhamos a nossa num país que acreditávamos ser livre".

## Viajantes da Liberdade

Mais uma vez, a lei federal se mostraria incompatível com as práticas estaduais. Em 1960, a Suprema Corte decidiu que a segregação em ônibus e trens interestaduais era inconstitucional. No entanto, isso não foi adotado: o novo governo do presidente John F. Kennedy, eleito por margem muito pequena em 1960, não queria correr o risco de afastar os democratas do Sul opostos à dessegregação.

ABAIXO: Estudantes universitários sentados em um café de Little Rock, Arkansas, em janeiro de 1962. O movimento pelos direitos civis foi caracterizado por protestos não violentos, como ocupações e marchas.

**ACIMA:** **Passageiros, inclusive os "Viajantes da Liberdade" patrocinados pelo Congresso de Igualdade Racial (CORE), fogem do ônibus Greyhound, incendiado por brancos que protestavam contra a dessegregação dos ônibus interestaduais em maio de 1961.**

Ativistas como James Farmer, do CORE, perceberam que, para vencer, teriam de tornar mais perigoso para o governo federal *não* impor a lei do que aplicá-la. Para isso, de forma não violenta, eles provocariam a violência, constrangendo assim o governo a agir. Isso ajudou a ampliar a questão além da legislação local e da política estadual. A partir de maio de 1961, as Freedom Riders — "Viajantes da Liberdade" — envolveram pares de voluntários, um branco e um negro, que embarcaram nos ônibus interestaduais, com o voluntário negro se recusando a sair de um lugar na frente e o voluntário branco tendo de se sentar no fundo do ônibus. Além disso, nos saguões e salas de espera, os voluntários negros tentaram usar as instalações exclusivas para brancos. Como previsto, alguns voluntários foram espancados e presos, e vários ônibus chegaram até a ser bombardeados. Embora o presidente Kennedy tentasse acalmar a situação, a violência contra os Viajantes da Liberdade continuou. Porém, depois de cinco meses, a Comissão de Comércio Interestadual anunciou que todos os ônibus e terminais teriam de exibir cartazes anunciando que todos os lugares foram dessegregados. A ação direta venceu.

**"A Ku Klux Klan renasceu e outros grupos de justiceiros brancos se formaram."**

Mas a violência continuou. A Ku Klux Klan renasceu e outros grupos de justiceiros brancos se formaram. Em 1962, a possibilidade de um aluno negro ser aceito na Universidade do Mississipi provocou um tumulto no campus que teve de ser sufocado por tropas federais, e a Guarda Nacional do estado sofreu intervenção federal. Em junho de 1963, Medgar Evers, ativista pelos direitos civis dos negros, foi assassinado em Jackson, no Mississipi; e em Birmingham, Alabama, quatro crianças morreram num atentado a bomba a uma igreja de negros.

Aos que criticavam a ação direta, Martin Luther King respondeu em 1963 com essas palavras: "Esperamos mais de 340 anos por nossos direitos constitucionais concedidos por Deus. As nações da Ásia e da África avançam a jato rumo à meta da independência política, e ainda nos arrastamos no ritmo das carroças rumo à conquista de uma xícara de café no balcão de uma lanchonete".

As marchas e manifestações mantiveram a questão nas manchetes. Em agosto de 1963, a marcha de King até Washington culminou com o discurso "Eu tenho um sonho", feito na escadaria do Memorial de Lincoln para uma multidão de cerca de 250 mil pessoas. Depois disso, Kennedy propôs um novo projeto de lei de direitos civis. O projeto não avançou muito até Kennedy ser assassinado em novembro; mas seu sucessor, Lyndon B. Johnson, promoveu a proposta e chegou a dizer ao Congresso que seria uma forma adequada de homenagear a memória de JFK. A Lei dos Direitos Civis, assinada por Johnson em julho de 1964, tornou ilegais todas as formas de segregação e discriminação.

**PÁGINA AO LADO: Cem anos depois da Proclamação da Emancipação dos Escravos de Lincoln, "a vida do negro ainda é tristemente prejudicada pelas algemas da segregação e pelas correntes da discriminação", disse Martin Luther King em seu discurso "Eu tenho um sonho", em Washington, em agosto de 1963.**

## Verão da liberdade

Entretanto, as regras obstrutivas de votação para negros continuaram em vigor, e voluntários negros e brancos, inclusive muitos estudantes ativistas, decidiram aumentar as inscrições para votar. Quando protestavam em Selma, no Alabama, em janeiro de 1965, King e vários professores e alunos foram presos; dois meses depois, quando tentaram levar o caso à capital do estado, Montgomery, a polícia montada os atacou e soldados estaduais barraram seu caminho.

ACIMA: Em Selma, Alabama, em março de 1965, a polícia ataca os ativistas pelos direitos civis que tentam marchar até Montgomery para protestar contra a discriminação racial no cadastramento de eleitores.

Duas semanas depois, Martin Luther King comandou uma enorme multidão numa marcha de 80 km desde Selma até Montgomery. Quando George Wallace, governador do Alabama — cujo discurso de posse dois anos antes havia declarado "segregação agora, segregação amanhã, segregação para sempre" —, recusou-se a dar proteção aos que marchavam, o presidente Johnson passou por cima dele: federalizou a Guarda Nacional e enviou o exército americano.

Na semana seguinte, Johnson pediu ao Congresso uma lei de direito de voto que permitisse ao governo federal eliminar todos os obstáculos locais e estaduais ao voto negro. A lei foi assinada naquele mês de agosto e, em três anos, a inscrição de negros para votar chegou a 60% dos eleitores do Mississipi e do Alabama.

Ratificada na Décima Quarta Emenda em 1868, a cidadania plena havia sido deixada a cargo dos estados. Depois de 97 anos, a liberdade desses estados de *não cumpri-la* foi derrubada pelo governo federal.

### Os tumultos de Watts

Em agosto de 1965, Watts, uma área onde há muitos negros de Los Angeles, explodiu em violência racial. A partir de um pequeno evento em que a polícia branca prendeu um negro por dirigir alcoolizado, a situação se transformou em revolta. Depois de seis dias de saques e incêndios, 34 negros haviam morrido. Alguns responsáveis pelo tumulto demonstraram certa satisfação. Além de terem revidado à polícia de Los Angeles, considerada racista, também chamaram a atenção para as causas da revolta.

**"Depois de seis dias de saques e incêndios, 34 negros haviam morrido."**

Embora não houvesse mais segregação em Los Angeles, nem em lugar nenhum exceto o Sul, ainda havia discriminação. Os negros tinham mais probabilidade de ficar desempregados ou de trabalhar em funções subalternas, e ainda pagavam mais do que os brancos pela moradia. Nos primeiros anos, o movimento pelos direitos civis foi mais ativo no Sul, mas, em meados da década de 1960, o conflito racial se intensificou em outras cidades e outros estados, e a violência policial contra a comunidade negra foi muitas vezes responsabilizada por provocar tumultos. Em 1966, num protesto contra a discriminação de 1 milhão de negros de Chicago no mercado imobiliário, Martin Luther King ficou chocado com a recepção que tiveram nos subúrbios da classe média branca — com bandeiras nazistas, garrafas arremessadas e insultos de "macacos jovens" e "lixo branco" atirados aos apoiadores dos direitos civis. "Nunca vi, nem no Mississipi e no Alabama, multidões tão hostis e cheias de ódio como em Chicago", disse King.

**ABAIXO: A polícia revista jovens afro-americanos no bairro de Watts, em Los Angeles, em março de 1966, durante o segundo tumulto racial em oito meses. Apesar de não haver segregação racial em Los Angeles, havia discriminação.**

## INCÊNDIO NO MISSISSIPI

ACIMA: **Os ativistas pelos direitos civis assassinados (da esquerda para a direita): Andrew Goodman, James Chaney e Michael Schwerner.**

Em Longdale, no Mississipi, no fim de maio de 1964, dois ativistas pelos direitos civis — James Chaney, negro de 21 anos natural do estado, e Michael Schwerner, branco de Nova York de 24 anos — enquanto discursavam na Igreja Metodista Mount Zion, lançaram a ideia de abrir uma escola independente para ajudar a congregação a passar nos requisitos de alfabetização e assim poderem registrar-se para votar.

Ao saber da ideia da escola, integrantes dos Cavaleiros Brancos do Mississipi, um grupo dissidente da Ku Klux Klan, planejaram livrar a área dos dois ativistas. Primeiro, como um modo de atrair Chaney e Schwerner de volta a Longdale, 24 homens armados da Klan incendiaram a igreja Mount Zion. Deu certo: em 21 de junho, Schwerner e Chaney, com Andrew Goodman, um novaiorquino branco de 20 anos, voltaram à cidade para ver o que havia acontecido.

Ao sair de carro de Longdale naquela noite, os três foram seguidos pelo vice-xerife Cecil R. Price, de 26 anos e membro dos Cavaleiros Brancos, que os deteve e escoltou-os até um lugar isolado. Lá, outro carro com sete homens da Klan se juntou a Price. Chaney foi surrado e levou três tiros; Schwerner e Goodman receberam um tiro no coração cada um. Os corpos foram enterrados numa represa de terra. Pela argila vermelha encontrada mais tarde no pulmão de Goodman, parece que ele foi enterrado vivo.

Quando os três foram dados como desaparecidos, o FBI começou uma grande caçada humana. Os corpos dos ativistas foram encontrados várias semanas depois por meio da denúncia de um informante do FBI, que mais tarde se revelou um patrulheiro de estrada local. Na investigação subsequente, o FBI identificou vários suspeitos, sendo que James Jordan e outro conspirador confessaram sua participação. Mas as autoridades do Mississipi se recusaram a processá-los por homicídio, que era um crime estadual. Os dezoito homens que o FBI identificou foram acusados de conspirar para privar os ativistas de seus direitos civis, única maneira de serem julgados pela autoridade do governo federal.

Depois da luta jurídica, o julgamento começou em Meridian, no Mississipi, em outubro de 1967. Sete homens foram considerados culpados, inclusive Price, com penas que variavam de três a dez anos. Depois de se tornar testemunha importante da acusação, James Jordan, um dos conspiradores a atirar nas vítimas, foi julgado separadamente e condenado a quatro anos de prisão.

Mas as condenações não terminaram. Como o júri chegou a um impasse no caso de Edgar Ray Killen, pregador que, pelo que se acreditava, havia planejado e dirigido os homicídios mas não dera tiros, o juiz decidiu não julgá-lo outra vez. Só em junho de 2005, quarenta anos após os crimes, que voltou a ser julgado, o júri o condenou por três acusações de homicídio. Entrevistado na prisão em dezembro de 2014, Killen disse que continuava segregacionista e não acreditava em igualdade racial.

**PÁGINA AO LADO: No fim da década de 1960, o movimento pelos direitos civis se fragmentou. Embora oferecesse programas sociais úteis à comunidade, os Panteras Negras eram uma organização revolucionária que não queria integração, mas separatismo negro — e não se opunha à violência.**

Em 1967, houve mais tumultos em Detroit e Newark. Alguns comentaristas indicaram como causa os agitadores e a manipulação comunista, mas uma investigação da Comissão Presidencial encontrou como fatores pobreza, desemprego e práticas inadequadas da polícia. Os negros representavam cerca de 10% da população americana, mas constituíam quase um terço dos que viviam abaixo da linha da pobreza.

Na primavera de 1968, a violência explodiu em mais de cem cidades. O gatilho foi muito preciso: em 4 de abril, em pé na varanda de um hotel em Memphis, no Tennessee, Martin Luther King foi morto por um tiro de um bandido branco chamado James Earl Ray.

## Black Power

Na época da morte de Martin Luther King, seus protestos não violentos e ideais de integração haviam perdido terreno para novos movimentos negros. Agora, o ativista Stokely Carmichael passou a exigir confrontos mais diretos. Libertado depois da 27ª prisão em junho de 1966, ele falou a uma multidão de 3 mil pessoas no Mississipi: "Estamos dizendo 'liberdade' há seis anos e não ganhamos nada. O que vamos começar a dizer agora é Black Power!".

Não foi a primeira vez que a expressão "Black Power" (Poder Negro) foi ouvida, mas foi então que começou a pegar e marcou uma virada no movimento pelos direitos civis. Embora Carmichael nunca recorresse à violência, às vezes parecia provável que sua retórica a provocaria. "Quem fala de Black Power fala de criar um movimento que esmagará tudo o que a civilização ocidental criou", disse. Depois de trabalhar colaborando com ativistas brancos em grupos como o Student Non-Violent Co-ordinating Committee, muitos ativistas negros tornaram-se cada vez mais extremistas e combativos.

**"Na primavera de 1968, a violência explodiu em mais de cem cidades."**

O movimento Black Panther (Panteras Negras), mais extremo, formou-se naquele mês de outubro em São Francisco. Seu manifesto foi revolucionário e, no ápice da Guerra do Vietnã, buscava uma causa comum com os comunistas vietnamitas. Além disso, por não exigir integração, mas separatismo negro, os integrantes estavam dispostos a usar armas para atingir suas metas. Embora o movimento tenha feito algum trabalho social de valor, também ficou manchado e ensanguentado pelo tráfico de drogas, assaltos a bancos, estupros e assassinatos. Até o fim da década, os Panteras Negras e sua ala armada, o Black Liberation Army (Exército Negro de Libertação), foram destruídos pela polícia e pelo FBI.

O movimento muçulmano e separatista negro Nation of Islam (Nação do Islã) conquistou apoio nos guetos urbanos da década de 1950 e passou a ser conhecido nacionalmente com o talento oratório do líder Malcolm X. Nascido Malcolm Little, ele mudou o sobrenome para simbolizar o nome de família africano do ancestral escravo que ele nunca conheceu. Por algum tempo, Malcolm X foi considerado agitador, mas aos poucos foi adotando uma posição racial mais tolerante, afastando-se da visão sectária dos líderes da Nação do Islã. Foi assassinado por três membros do movimento, em 1965.

Talvez o partidário mais famoso da Nação do Islã tenha sido Muhammad Ali. Seu nome também narra uma história afro-americana.

## OS TUMULTOS DE STONEWALL

O movimento pelos direitos civis levou outros grupos a exigir direitos semelhantes. Como a homossexualidade ainda era criminalizada em todos os estados (com exceção de Illinois, em 1962), poucos estabelecimentos aceitavam pessoas abertamente gays. O Stonewall Inn, em Greenwich Village, Nova York, ficou popular entre os moradores mais marginalizados da cidade e tinha entre seus clientes *drag queens*, pessoas transgêneros e prostitutos. Os ataques policiais a bares gays eram comuns, mas em Stonewall os clientes revidaram, em junho de 1969; o bar incendiou-se e, nos dias seguintes, houve tumultos no bairro. Em julho, formou-se o Gay Liberation Front e, no ano subsequente, criaram-se outros grupos pelos direitos dos gays. A primeira Marcha do Orgulho Gay aconteceu no aniversário dos tumultos de Stonewall. A partir da década de 1970, os estados começaram a descriminalizar a homossexualidade, e em 2003 a Suprema Corte invalidou todas as leis remanescentes contra a homossexualidade.

**ACIMA: Pessoas reunidas diante do Stonewall Inn, em Nova York, depois dos tumultos que explodiram entre a comunidade gay e a polícia, em junho de 1969.**

Nascido Cassius Clay, recebeu o nome do pai Cassius Marcellus Clay Sr., que, por sua vez, recebeu o nome de um político e abolicionista branco do século XIX. Em 1964, após se tornar campeão mundial dos pesos-pesados, Clay entrou na Nação do Islã, mudou seu nome para Cassius X e, depois, Muhammad Ali. "Sua transição de clone branco a símbolo do orgulho negro e depois do separatismo radical foi uma parábola dos Estados Unidos na década de 1960", escreve o historiador David Reynolds. Embora mais tarde voltasse atrás das primeiras reivindicações de separatismo e se tornasse quase um ícone das relações pacíficas entre as raças, Ali continuou muçulmano até sua morte em 2016.

### Sinal dos tempos

Em meados de 1960, o movimento dos direitos civis conseguiu uma mudança imensa: tornou ilegais a segregação e a discriminação e, ao mesmo tempo, provocou outros movimentos por direitos. Porém também esteve associado à violência da multidão, homicídios e assassinatos. No entanto, os Estados Unidos já estavam envolvidos numa guerra estrangeira, e haveria mais assassinatos nessa década tumultuada.

**PÁGINA AO LADO: O boxeador Muhammad Ali fala à imprensa diante do prédio das Nações Unidas em Nova York, em março de 1964, com Malcolm X, de óculos, da Nação do Islã.**

10

# A DÉCADA DE 1960

Numa década turbulenta, os Estados Unidos — ao descobrir bases de mísseis russos em Cuba — chegaram perto de um confronto com a União Soviética e se envolveram cada vez mais profundamente numa guerra cara, impopular e, pela primeira vez, televisionada, para combater o comunismo no Vietnã.

Em 1959, a ditadura cubana de Fulgencio Batista, apoiada pelos EUA, foi derrubada por forças revolucionárias comandadas por Fidel Castro. Embora a princípio Fidel não fosse marxista, sua reforma agrária ameaçou os interesses comerciais americanos na ilha, e ele acabou se ligando à União Soviética e dela recebendo ajuda. Em poucos anos, o maior inimigo dos Estados Unidos na Guerra Fria, além de ter um aliado a menos de 160 km da Flórida, construía bases militares em Cuba. Os EUA se preocuparam: e se outros grandes países latino-americanos adotassem o comunismo?

Consequentemente, em janeiro de 1961, os EUA romperam relações diplomáticas com Cuba e a CIA começou a traçar planos para depor o novo líder com uma invasão da ilha realizada por exilados anti-Fidel. No entanto, o recém-eleito presidente John F. Kennedy não estava disposto a arriscar a imagem dos Estados Unidos e, para evitar que o país fosse visto como uma potência imperialista, tirou da missão qualquer envolvimento visível. Sem apoio aéreo, a operação ficou aleijada; em abril, quando

**PÁGINA AO LADO: Funeral do presidente John F. Kennedy em 25 de novembro de 1963. A viúva Jackie Kennedy leva os filhos pela escadaria da Casa Branca e, à esquerda, está o procurador-geral Robert F. Kennedy, irmão de JFK, que também seria assassinado cinco anos depois.**

**ACIMA: Grupo de soldados cubanos depois de derrotar a invasão de exilados na Baía dos Porcos, em 1961. Sem nenhum apoio aéreo americano, a invasão foi um fiasco.**

começou, todos os 1.400 exilados cubanos foram mortos ou capturados nas praias da Baía dos Porcos. Uma semana antes, os EUA haviam sofrido outro constrangimento: a União Soviética voltou a ferir o orgulho americano ao se tornar o primeiro país a levar um homem ao espaço. Em resposta, Kennedy anunciou que os EUA colocariam um homem na Lua antes do fim da década.

Incentivado pelo sucesso no espaço e pelo fracasso tático americano na Baía dos Porcos, além da falta de reação estadunidense quando a Alemanha Oriental, na esfera soviética, construiu um muro em torno de Berlim para impedir que os alemães orientais fugissem para o Ocidente, o premier soviético Nikita Kruschev escolheu reforçar sua posição no Caribe.

No verão de 1962, a CIA notou um aumento de soldados e equipamentos soviéticos em Cuba; depois, em 16 de outubro os aviões de espionagem avistaram indícios de bases de mísseis nucleares soviéticos de médio alcance na ilha. Kennedy foi aconselhado pelos chefes do Estado-Maior a invadir Cuba militarmente, mas o presidente escolheu um caminho mais cauteloso e anunciou o bloqueio à ilha.

A princípio, os navios soviéticos a caminho de Cuba não demonstraram sinais de reconhecer o bloqueio. Porém, quando um submarino russo foi visto apoiando-os, um destróier estadunidense posicionou-se para atacar as embarcações. Uma guerra mundial estaria prestes a começar? O mundo prendeu a respiração. Mas os navios soviéticos pararam... e deram meia-volta. "Ficamos olho no olho", disse o secretário de Estado Dean Rush, "e acho que os caras de lá só piscaram".

**"Os mísseis nucleares estavam prestes a ser lançados? Quem seria o primeiro a piscar dessa vez?"**

Uma conflagração imediata foi evitada, mas ainda havia mísseis soviéticos em Cuba voltados para os Estados Unidos. Ansioso, o mundo observou e aguardou. Quando os EUA começaram a planejar ataques aéreos e uma possível invasão, um avião U-2 de espionagem americano foi derrubado em Cuba, em 27 de outubro, apenas onze dias depois do avistamento dos mísseis, e o piloto morreu.

Os mísseis nucleares estavam a ponto de serem lançados? Quem seria o primeiro a piscar dessa vez? Mais uma vez, foi Kruschev, que tinha um arsenal nuclear muito menor, quem propôs a Kennedy que mostrassem "sabedoria de estadistas": ele retiraria seus mísseis com a condição de que os EUA não invadissem Cuba. Kruschev também pediu que removessem os mísseis nucleares estadunidenses da Turquia, que Kennedy, publicamente, se recusou a fazer — mas concordou em segredo.

A crise dos mísseis em Cuba foi o ponto mais próximo de uma guerra a que chegaram as superpotências. No verão seguinte, as duas deram um passo em direção à trégua e assinaram um tratado que proibia testes nucleares na atmosfera. No entanto, o conflito americano com os regimes comunistas continuaria, mas não diretamente contra a União Soviética. Em vez disso, o país lutaria, declarada ou secretamente e de forma mais sangrenta no sudeste da Ásia.

## O Vietnã e a Teoria do Dominó

Assim como aconteceu na Alemanha após a Segunda Guerra Mundial e na Coreia em 1950, em 1956 o Vietnã se dividiu em dois: Norte comunista e Sul capitalista. O país fazia parte da colônia francesa da Indochina desde o fim do século XIX, e, na década de 1940, começou a surgir o movimento nacionalista Viet Minh, comandado por Ho Chi Minh. Desde o início da década de 1950, o Viet Minh recebeu apoio do novo governo comunista da China, e, com as insurreições no norte do país, corroeram o desejo da França de manter sua colônia. Depois da derrota de sua guarnição em Dien Bien Phu, em 1954, os franceses desistiram e, quando se retiraram, o Vietnã foi dividido, embora em princípio de forma "temporária", na Conferência de Genebra de 1956. Entretanto, o presidente

**ABAIXO: Kennedy fala à nação durante a Crise dos Mísseis em Cuba de 1962 e afirma que o país considerará "qualquer míssil nuclear lançado de Cuba contra qualquer nação do Hemisfério Ocidental como ataque da União Soviética aos Estados Unidos".**

À DIREITA: O monge budista Thich Quang Duc põe fogo às vestes em Saigon, em junho de 1963, em protesto contra a perseguição dos budistas pelo governo sul-vietnamita apoiado pelos EUA. Nos meses seguintes, outros cinco monges se mataram da mesma maneira.

Eisenhower e outros temiam que, se o Vietnã caísse totalmente em mãos comunistas, o resto do sudeste da Ásia o seguiria, como uma "fileira de dominós". Isso seria uma ameaça à Australásia.

Em 1956, deveria haver eleições no Vietnã para decidir o novo governo do país unificado. Mas, com medo de que os comunistas de Ho Chi Minh vencessem, Eisenhower as bloqueou e, em vez delas, apoiou um estado separado no Vietnã do Sul, com um bilhão de dólares de auxílio econômico e militar. Ngo Dinh Diem, seu líder, era anticomunista, antifrancês e católico, num país principalmente budista. Com um governo que remontava às práticas coloniais, impediu a reforma agrária e recorreu à família e à elite proprietária de terras para se manter no poder.

No fim da década de 1950, formou-se no Vietnã do Sul, com apoio do Vietnã do Norte, um movimento guerrilheiro comunista chamado Viet Cong (vietnamitas comunistas). Em resposta, no fim de 1961 o presidente Kennedy aumentou o auxílio americano, com "assessores militares" para reforçar o Sul. Quando Kennedy tomou posse em 1961, havia 2 mil soldados americanos no Vietnã; no fim de 1963, eram 16 mil. Essa tendência de aumento continuou no decorrer da década.

A guerra antes disfarçada chegou às primeiras páginas dos jornais quando os ataques de Diem a budistas provocaram grandes protestos. As fotografias de monges sentados em chamas, depois de pôr fogo às próprias vestes embebidas em gasolina, correram o mundo. Relutante, Kennedy aceitou o conselho dos assessores de que, em nome da estabilidade do Vietnã do Sul, os EUA deveriam apoiar um golpe militar contra Diem. Em 1º de novembro de 1963, os generais derrubaram e depois fuzilaram Diem e seu irmão.

Kennedy ordenou uma revisão de suas opções no Vietnã, inclusive a possibilidade de retirada americana, mas não leu o relatório. Antes do fim do mês, ele também morreu.

**ABAIXO: Assassinato de John F. Kennedy em Dallas, no Texas, em 22 de novembro de 1963. Na parte de trás do carro, Jackie Kennedy inclina-se sobre o presidente ferido antes do último tiro fatal.**

## O assassinato de JFK

Ao participar de uma carreata em Dallas, no Texas, em 22 de novembro de 1963, o presidente Kennedy foi alvejado e morreu a caminho do hospital. No entanto, mais de meio século depois, muitos ainda perguntam quem deu o tiro fatal — e por ordem de quem. A investigação do atentado pela Comissão Warren afirmou, em setembro de 1964, que três tiros de fuzil foram dados por um atirador solitário no prédio do Texas School Book Depository (Depósito de Livros Escolares do Texas) quando a carreata passou. Aquele atirador solitário era Lee Harvey Oswald, de 24 anos, ex-atirador de elite dos fuzileiros navais americanos que fugira para a União Soviética no fim da década de 1950, mas depois voltou ao Texas. Tinha começado a trabalhar no depósito de livros no mês anterior.

ACIMA: Duas horas depois do assassinato de Kennedy, o vice-presidente Lyndon B. Johnson assume a presidência a bordo do Air Force One. Jackie Kennedy está a seu lado.

Uma testemunha descreveu o atirador dentro do prédio e logo Oswald foi abordado na rua por um policial. O rapaz puxou um revólver, matou o policial e fugiu para um cinema, onde foi preso. Dois dias depois, quando Oswald era levado pelo quartel-general da Polícia de Dallas, Jack Ruby, dono de uma boate local, saiu da multidão e atirou nele. Em duas horas, Oswald estava morto e, quatro anos depois, Ruby morreu na prisão enquanto esperava o segundo julgamento por homicídio.

Embora a Comissão Warren concluísse que Oswald e Ruby agiram por conta própria, outras testemunhas disseram que o segundo e o terceiro tiros — o terceiro acertou a cabeça de Kennedy e foi o tiro fatal — não vieram do depósito de livros. Teria sido uma conspiração? Sem dúvida, para muita gente era chocante demais aceitar que um rapaz desequilibrado com um fuzil tivesse matado o presidente.

O ceticismo gerado pelo assassinato no público em geral e até no Capitólio foi tão grande que, em 1976, criou-se o House Select Committee on Assassinations (HSCA, Comitê Seleto do Congresso sobre Assassinatos). A conclusão: JFK provavelmente foi assassinado como parte de uma conspiração. Não foi indicada qual seria a conspiração, embora muitos suspeitos fossem descartados, como os governos da União Soviética e de Cuba, bem como a Máfia, o FBI, a CIA e o Serviço Secreto.

Uma parte dos serviços de segurança americanos queria mesmo Kennedy morto? Houve a sugestão de que ele era considerado mole com o comunismo por alguns radicais de direita, porque prometeu não invadir Cuba, fez parecer que poderia se retirar do Vietnã e simpatizava com o movimento dos direitos civis dos negros, que alguns consideravam subversão comunista. O HSCA também relatou que os serviços de segurança omitiram informações para a Comissão Warren.

Houve alguma razão sinistra ou eram apenas as agências secretas sendo fiéis à sua natureza e revelando o mínimo possível? Ou o tiro fatal foi um erro terrível que o Serviço Secreto então silenciou? Uma teoria sugere que, na comoção depois do primeiro tiro de Oswald, um agente do Serviço Secreto, no carro atrás do presidente, atirou sem querer e matou JFK.

**"A conclusão foi que JFK provavelmente foi assassinado como parte de uma conspiração."**

Conspiração, trapalhada ou iniciativa de um pistoleiro solitário e enlouquecido, o assassinato de Kennedy espantou o mundo. No entanto, o governo tinha de continuar. Duas horas depois do atentado, o vice-presidente Lyndon B. Johnson, que estava na carreata daquele dia, assumiu o cargo de presidente no Air Force One, quando o avião se preparava para deixar Dallas.

## Vietcongues vencem

O golpe contra Diem não melhorou a situação do Vietnã do Sul. Ao contrário, causou instabilidade e seis governos se formaram nos dezoito meses seguintes. Enquanto isso, os vietcongues conquistaram o controle efetivo da metade do país, e as unidades do exército norte-vietnamita pressionaram para o sul. A situação ficava cada vez mais difícil e, ao contrário da Guerra da Coreia, os Estados Unidos, embora com o suporte do exército sul-vietnamita e de Coreia do Sul, Austrália e Nova Zelândia, não tinham a bandeira pacífica das Nações Unidas para manter o apoio popular, mesmo com o suporte do exército sul-vietnamita e da Coreia do Sul, Austrália e Nova Zelândia.

Os assessores do presidente Johnson variavam desde alguns "pombos", que defendiam reduzir as baixas e a retirada do Vietnã, até a maioria de "falcões", que não podiam permitir a derrota do Vietnã do Sul, uma vez que os Estados Unidos já haviam investido demais no conflito.

Foi decidido então aumentar os esforços para salvar o Sul. Depois do assassinato de oito americanos na base dos EUA em Pleiku, em fevereiro de 1965, o bombardeio contra o Vietnã do Norte começou e o número de soldados americanos no Vietnã aumentou imensamente. Johnson, por sua vez, tentou se desviar da exposição a qualquer possível desaprovação pública e política, porém não buscou o pleno apoio do Congresso. Preferiu recorrer a uma resolução de agosto de 1964, a qual o autorizava a tomar "todas as medidas necessárias" contra um ataque armado a forças estadunidenses. Também não pediu ao Congresso que elevasse os impostos para financiar a guerra, em vez disso aumentou os empréstimos do governo.

## A vantagem da guerrilha

No fim de 1967, quase meio milhão de soldados americanos estava no Vietnã e 16 mil tinham morrido. O bombardeio do Vietnã do Norte causou grandes danos, mas teve pouco efeito sobre o rumo da guerra, pois as fábricas foram simplesmente reconstruídas no campo, com linhas de

**À DIREITA: Aviões americanos bombardeiam um alvo militar no Vietnã do Norte, em junho de 1966. Embora causassem danos imensos, os bombardeios do Vietnã do Norte tiveram pouco efeito no longo prazo na guerra, pois as fábricas foram simplesmente reconstruídas no campo.**

suprimento criadas através da selva e pelo Camboja para apoiar os vietcongues no Sul. Como observou James Thomson, do Conselho de Segurança Nacional, os vietnamitas do Norte sabiam muito bem que "algum dia eles iriam para casa". Era uma situação clássica de guerrilha: os vietcongues, apoiados pelo exército norte-vietnamita, poderiam vencer caso resistissem; os Estados Unidos só conseguiriam vencer se obtivessem a vitória total.

**"No fim de 1967, quase meio milhão de soldados americanos estava no Vietnã e 16 mil haviam morrido."**

Os Estados Unidos tinham tanques, helicópteros e aviões, mas tudo isso lhes custava o elemento surpresa. De 1966 a 1968, a CIA observou que menos de 1% dos quase 2 milhões de operações de pequenas unidades aliadas resultou em contato com o inimigo. Os americanos sofriam muitas baixas para um inimigo que, muitas vezes, não conseguiam encontrar. Em contraste, no mesmo período três quartos das batalhas ocorreram na hora e no lugar escolhidos pelos vietcongues.

Um método de expulsar os inimigos era lançar substâncias desfolhantes, como o Agente Laranja, para destruir campos e florestas. De 1962 a 1971, os Estados Unidos lançaram 76 milhões de litros de desfolhantes no Vietnã, no Laos e em partes do Camboja. A gravidade das consequências no longo prazo para a saúde e a ecologia ainda é acaloradamente debatida.

Além disso, os vietcongues eram supridos pelo Vietnã do Norte, por sua vez suprido pela China e União Soviética. No entanto, os Estados Unidos não bombardearam *essas* linhas de suprimento para não antagonizar os pesos-pesados comunistas.

**ABAIXO: Saigon sob ataque dos vietcongues e do exército norte-vietnamita na Ofensiva de Tet, em 1968. A ofensiva pegou as forças americanas estadunidenses totalmente de surpresa e foi uma grande vitória amplamente propagada pelos comunistas.**

## A ofensiva de Tet

Em 30 de janeiro de 1968, numa trégua temporária para o feriado de Tet, Ano Novo do Vietnã, o exército norte-vietnamita e os vietcongues fizeram grandes ataques a cidades grandes e pequenas vilas do Vietnã do Sul. Foi um imenso choque para os EUA e mais um golpe contra o apoio à guerra, quando os ataques foram divulgados durante toda noite nos noticiários da TV estadunidense.

Embora em termos de propaganda fosse uma vitória para os vietcongues, a Ofensiva de Tet se transformou em derrota militar. Em poucas semanas, os EUA reagiram e mataram ou feriram grande parte dos líderes dos vietcongues. A partir daí, o principal inimigo dos Estados Unidos foi o exército norte-vietnamita, mas, com os dois lados entrincheirados, a guerra chegou a um impasse.

Em março, Johnson falou à nação: anunciou que os bombardeios cessariam, haveria negociações de paz e ele não concorreria ao segundo mandato, mostrando o quanto a guerra o tornou impopular.

## O massacre de My Lai

Na tentativa de recuperar o domínio depois da Ofensiva de Tet, o serviço de inteligência militar americano desconfiou que os povoados de My Lai, na província de Quáng Ngãi, abrigavam integrantes dos vietcongues. Foi planejada uma missão de busca e destruição, e as ordens do coronel Oran K. Henderson, comandante da 11ª Brigada de Infantaria, eram: de "entrar agressivamente, aproximar-se do inimigo e eliminá-lo para sempre". Por sua vez, o capitão Ernest Medina disse aos soldados que os verdadeiros aldeões foram para a feira e o mercado, então quem ficou seria integrante dos vietcongues ou apoiador, portanto, e deveria ser fuzilado. As opiniões divergem sobre as ordens exatas de Medina, mas alguns, inclusive líderes de pelotões, afirmaram depois que receberam ordens para matar "suspeitos", incluindo mulheres e crianças.

Em 16 de março, cerca de cem soldados comandados pelo capitão Medina pousaram em My Lai de helicóptero. Com o posto de comando de Medina fora da aldeia, o 1º Pelotão, comandado pelo segundo-tenente William Calley Jr., entrou no povoado de Tu Cung. Embora não encontrassem resistência dos aldeões, logo os soldados começaram a atirar indiscriminadamente. "Atiravam em mulheres e crianças", recordou o soldado Michael Bernhardt, que se recusou a atirar. Algumas mulheres e meninas foram estupradas. O 2º Pelotão também matou mais de setenta pessoas, e sete de seus homens foram feridos por minas e armadilhas explosivas.

ACIMA: **O massacre de 347 a 504 homens, mulheres e crianças vietnamitas desarmados por um pelotão do exército americano nos povoados de My Lai, em 1968, foi apenas um dos episódios mais sombrios dos Estados Unidos na guerra.**

O piloto Hugh Thompson Jr., que sobrevoava de helicóptero, pousou e interveio, dizendo aos soldados americanos que, se atirassem em mais um aldeão, ele atiraria nos soldados. Thompson salvou pelo menos doze aldeões e os levou aos helicópteros antes de relatar o incidente, que fez a operação ser cancelada.

"Não me lembro de ter visto nenhum homem em idade militar em todo o lugar, vivo ou morto", diria mais tarde o soldado Bernhardt; contudo, o tenente Calley relatou noventa corpos de vietcongues e nenhum civil morto. Na guerrilha, a contagem de corpos, mais do que o ganho territorial, era valorizada pelas forças armadas americanas, e alguns oficiais se dispunham a designar mortos civis como vietcongues para aumentar essa contagem. Como o vietcong era uma força guerrilheira composta por civis, às vezes, a distinção era difícil. Apesar do relatório de Thompson, decidiu-se que não havia base para investigação.

Um ano se passou até que Ronald L. Ridenhour, artilheiro de helicóptero que não esteve em My Lai, mas ouviu quem estava presente falar do massacre e compilou declarações de testemunhas. Quando voltou para casa depois de terminar o período de serviço, enviou as provas para trinta congressistas. Três aceitaram seu apelo de examinar o incidente. Com a divulgação da notícia dezoito meses depois do massacre, a história de My Lai escrita pelo jornalista Seymour Hersh foi publicada pela agência de notícias Associated Press.

Os julgamentos começaram no novembro seguinte, quando o tenente Calley afirmou que estava obedecendo às ordens do capitão Medina.

À ESQUERDA: Sitiados e bombardeados durante cinco meses em 1968, os fuzileiros navais de Khe Sanh foram finalmente resgatados e abandonaram a base de combate.

# O CERCO DE KHE SANH

Importante posto avançado nas montanhas do noroeste do Vietnã do Sul, a Base de Combate de Khe Sanh ficava apenas 23 km ao sul da Zona Desmilitarizada que separava o Vietnã do Sul e o Vietnã do Norte e a 11 km quilômetros da fronteira do Laos.

No início de 1968, soldados norte-vietnamitas conseguiram cercar a base, isolá-la por terra e bombardeá-la diariamente com artilharia. O que se seguiu foi uma das batalhas mais longas e sangrentas da guerra. Durante cinco meses, suprimentos e reforços foram levados à base por via aérea, enquanto o intenso bombardeio aéreo americano lançava mais de 100 mil toneladas de bombas na área circundante.

Embora a eficácia e a ética dos bombardeiros B-52 de elevada altitude lançando bombas de 65 toneladas em trechos de selva fossem discutíveis, em termos psicológicos o bombardeio era fundamental. "Quando veem as pilhas de fumaça subindo pelo vale, os fuzileiros navais sentem que alguém se lembra deles", escreveu o jornalista inglês David Leitch, reportando de dentro de Khe Sanh para o *Sunday Times*, em fevereiro de 1968.

Mas as bombas não eram a única arma. Para manter o exército norte-vietnamita acuado, nas quatro primeiras semanas do cerco, 60 mil toneladas da arma incendiária napalm foram lançadas na área que cercava a base, incendiando a selva.

O cerco terminou quando uma operação de resgate chegou aos fuzileiros navais. Com a base finalmente liberada, o general Creighton Abrams, novo comandante americano no Vietnã, decidiu evacuar Khe Sanh para sempre, por considerar arriscado demais manter uma posição tão vulnerável. Em 9 de julho, quando os americanos partiram, a bandeira norte-vietnamita foi hasteada na base.

No total, quase 3 mil soldados americanos e sul-vietnamitas morreram no cerco e na operação de resgate, com mais de 9 mil feridos, enquanto o exército norte-vietnamita teve mais de 2.500 mortos em ação. Foi a primeira base de combate americana a ser abandonada por causa da pressão do inimigo.

## O ASSASSINATO DE ROBERT F. KENNEDY

Procurador-geral quando o irmão John F. Kennedy era presidente, no verão (terceiro trimestre) de 1968, Robert F. Kennedy era um senador democrata que concorria como candidato democrata à presidência nas primárias do partido. Em 5 de junho, depois de um discurso aos partidários de sua campanha no Ambassador Hotel, em Los Angeles, ao sair pela cozinha Kennedy foi alvejado por Sirhan Sirhan, de 24 anos. No dia seguinte, morreu devido aos ferimentos.

Sirhan, cidadão jordaniano de família cristã palestina, mudou-se para os Estados Unidos com 12 anos. Nos últimos meses, estava obcecado por assassinar Kennedy porque o senador jurou enviar caças a jato para apoiar o Estado de Israel. Facilmente preso depois dos tiros, Sirhan foi condenado à morte, mas a pena foi comutada para prisão perpétua quando a Califórnia aboliu a pena de morte em 1972.

Apenas dois meses depois do assassinato de Martin Luther King, Johnson pediu leis mais duras sobre armas; mas havia dito o mesmo depois da morte de JFK, sem causar nenhum efeito. Sua presidência praticamente foi encerrada por causa do assassinato dos dois irmãos Kennedy.

Este, por sua vez, negou ter dado ordens de matar civis e foi absolvido. Condenado pelo homicídio premeditado de 22 civis, a sentença de prisão perpétua de Calley foi reduzida no recurso para vinte anos de prisão; ele acabou cumprindo três anos e meio de prisão domiciliar. Outros doze homens foram acusados, mas nenhum foi considerado culpado, embora cinco tenham sido levados à corte marcial e outros fossem rebaixados. Em contraste, trinta anos depois de My Lai, Hugh Thompson e a tripulação de seu helicóptero receberam a Medalha do Soldado pela ação de salvar vidas vietnamitas naquele dia.

**"Sua presidência foi praticamente encerrada por causa do assassinato dos dois irmãos Kennedy."**

Até certo ponto, My Lai pode ser considerada uma crise moral e disciplinar das tropas numa guerra controvertida que custou muitas vidas americanas, sem mostrar sinais de vitória no longo prazo. Pode ter sido o massacre mais sangrento do conflito — a estimativa americana é de 347 mortos, o número vietnamita é de 504, com idades de 1 a 80 anos —, porém, mais tarde, outros soldados relataram que houve "um My Lai por mês durante mais de um ano", em 1968 e 1969.

### Estopim em Chicago

Antes de Lyndon Johnson deixar o cargo, a Guerra do Vietnã provocaria cenas de violência nos Estados Unidos. Depois de manifestações e ocupações contra a guerra em campus universitários, os enfrentamentos físicos com a polícia ficaram mais comuns, assim como a resistência ativa à convocação e a destruição dos cartões de convocação. E quando os manifestantes contra a guerra convergiram rumo à Convenção da Nação Democrática em Chicago, naquele mês de agosto, o prefeito enviou 12 mil policiais armados, com o apoio da Guarda Nacional do Illinois, para enfrentá-los.

As câmeras dos noticiários da TV captaram cenas de soldados surrando não os marginalizados e reprimidos, como tinha acontecido no movimento pelos direitos civis, mas americanos brancos, instruídos, de classe média. A violência dividiu o país. Abe Ribicoff, senador democrata de Connecticut, lamentou a "tática da Gestapo" da polícia, mas Hubert Humphrey, que se tornaria candidato democrata nas eleições presidenciais, desdenhou os manifestantes como pessoas que "acham que só é preciso criar tumulto para obter o que querem".

Os choques em Chicago não desmotivaram os protestos. No ano seguinte, em todo o país, numa união de raças, idades e níveis de renda, milhões se manifestaram contra a guerra na Moratória para acabar com a guerra no Vietnã.

**ACIMA: Manifestantes cercam uma viatura policial na convenção do Partido Democrata em Chicago, em agosto de 1968. Cada vez mais impopular em casa, a guerra do Vietnã provocou muitas manifestações de massa em todos os Estados Unidos.**

## Os assassinatos de Manson

Quando entravam na chamada Família de Charles Manson, seus seguidores achavam que tinham encontrado o guru que daria significado às suas vidas. No entanto, na verdade, haviam entrado em um culto que se mostraria assassino. Em 1968, Charles Manson, depois de passar mais de metade da vida entrando e saindo de instituições e prisões para jovens criminosos,

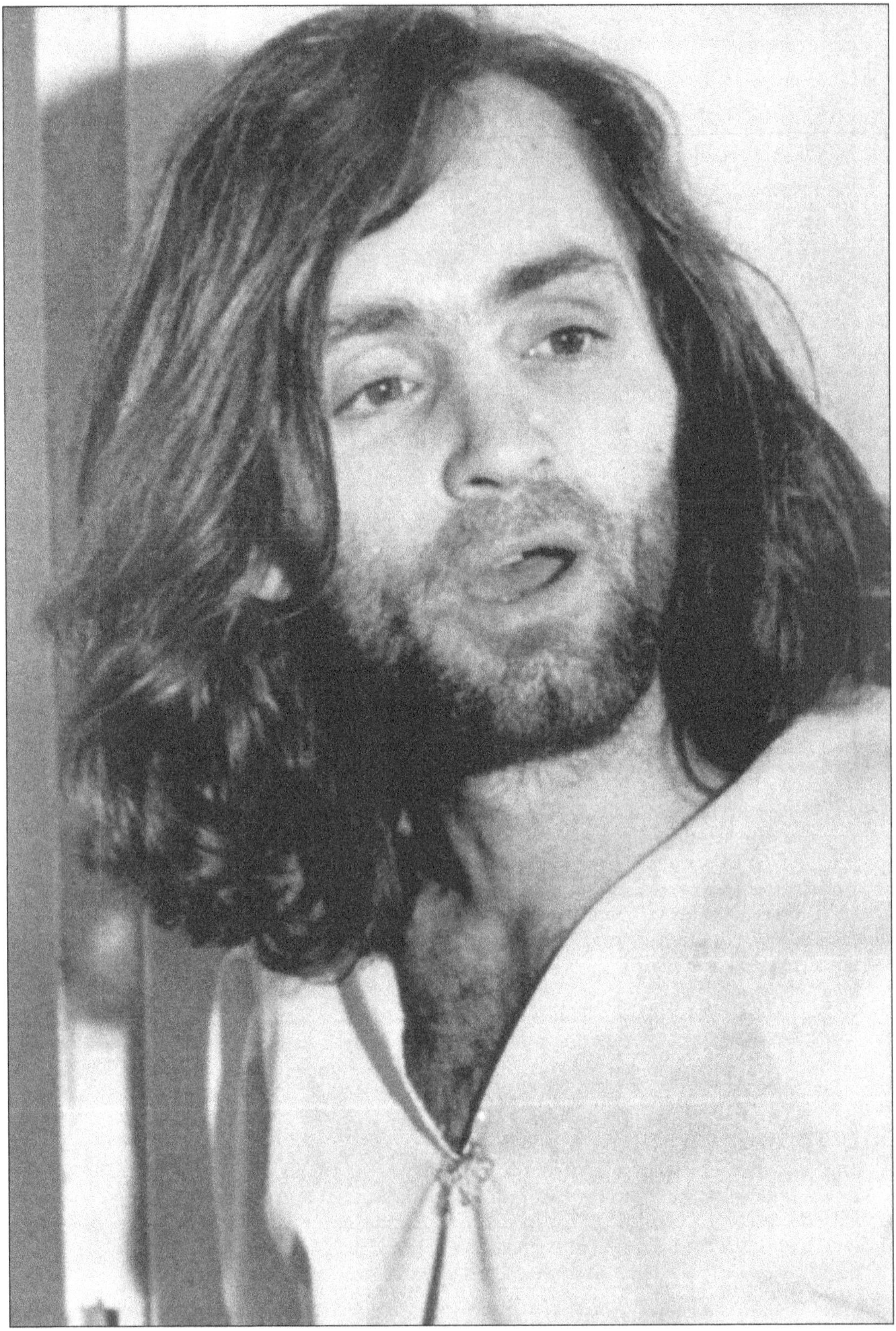

conseguiu se aproveitar do movimento hippie da Califórnia. A ambição do homem de 34 anos, magro e de boa aparência, era se tornar compositor, e uma de suas músicas chegou a ser lançada no lado B de um compacto dos Beach Boys, quando ele fez amizade temporária com um dos membros do grupo. No entanto, seu real talento era manipular mentes jovens e instáveis, e logo ele convenceu viciados e desajustados de São Francisco e Los Angeles.

Manson profetizava uma raça preta e branca com base em sua interpretação insana do Apocalipse e numa leitura sem sentido da música "Helter Skelter", dos Beatles. Seu carisma sombrio era tão hipnótico que, no ápice, a Família chegou a contar com 35 integrantes.

Seu controle sobre a Família era tão grande que não precisava liderar a carnificina, mandava outros fazerem o que queria. Tex Watson, membro da Família, invadiu a casa do diretor de cinema Roman Polanski em Benedict Canyon, Los Angeles, em 8 de agosto de 1969. Polanski havia saído, mas sua esposa, a modelo e atriz Sharon Tate estava em casa com três amigos. Watson foi acompanhado por Susan Atkins e Patricia Krenwinkel. No lado de fora, Linda Kasabian era a motorista e Manson ficou no sítio da Família. O que se seguiu foram tiros e facadas em Tate, no fim da gestação, e nos amigos Abigail Folger, Voytek Frykowski e Jay Sebring, cabeleireiro de celebridades. Todos levaram várias facadas, além de Steven Parent, que passava pela rua e morreu com um tiro.

**ACIMA: Susan Atkins, Patricia Krenwinkel e Leslie Van Houten, membros da Família Manson, chegam ao tribunal em junho de 1970. Van Houten não se envolveu nas mortes na casa de Sharon Tate, mas admitiu seu papel no assassinato de Leno e Rosemary LaBianca.**

O crime chocou e assustou não só Hollywood como os Estados Unidos e o mundo todo. Numa década com tanta violência racial, guerras e brigas violentas em manifestações, o frenesi gerado por Manson parecia absolutamente sem motivo. A casa onde Polanski e Sharon Tate moravam era conhecida de Manson, pois fora ocupada por Terry Melcher, filho da cantora Doris Day, que era produtor de discos e amigo dos Beach Boys. Mas não parecia haver razão para Sharon Tate e seus amigos serem atacados, nem para Manson e dez membros da Família matarem, no dia seguinte, Leno LaBianca, executivo de supermercado, e a esposa Rosemary, dona de uma loja de roupas femininas, os quais eram totalmente desconhecidos de Manson. Com mais essas mortes, houve um total de nove homicídios cometido pela Família num período de apenas cinco semanas.

Mesmo quando Manson e outros suspeitos foram presos, seu domínio sinistro sobre a Família continuou. Em geral, os que foram a julgamento agiram numa unidade assustadora no tribunal, enquanto outros membros do culto não envolvidos nas mortes se mantiveram unidos, apesar da ausência do líder.

Linda Kasabian, que não participou propriamente dos assassinatos, atuou como testemunha de acusação ganhando imunidade; Manson e os outros receberam a pena de morte, depois comutada em prisão perpétua. Para alguns desajustados se tornarem assassinos em massa era só caírem sob o feitiço de Charles Manson.

**PÁGINA AO LADO: Charles Manson no tribunal, em junho de 1970. No mês seguinte, ele fez um X na testa. Susan Atkins, Patricia Krenwinkel e Leslie Van Houten logo o imitaram.**

ACIMA: Membros do público olham os Hells Angels surrarem um fã com tacos de bilhar no show gratuito dos Rolling Stones em Altamont, Califórnia, em dezembro de 1969. No fim do festival, quatro pessoas morreram.

## Mortes em Altamont

Quatro meses depois dos homicídios de Manson, o mundo da música pop de 1960 foi manchado por uma morte violenta. Depois das críticas à turnê americana de 1969 por cobrar caro pelos ingressos, os Rolling Stones anunciaram que o último show, em 6 de dezembro, seria gratuito. No entanto, o espetáculo foi realizado na pista de corrida de Altamont, no condado de San Joaquin, na Califórnia. Numa troca de local de última hora, o local foi mal preparado e tinha um palco baixo que deixava os músicos vulneráveis aos avanços do público.

Um grupo de Hells Angels, que já havia feito a segurança para outras bandas, foi encarregado de manter o palco livre do público. Em troca, embora alguns questionem, parece que receberam quinhentos dólares em cerveja para beber durante o dia inteiro do festival.

No decorrer do dia, o clima no concerto ficou turbulento, com parte da multidão de 300 mil pessoas brigando entre si, inclusive os Hells Angels, e até garrafas foram arremessadas nos músicos. O comportamento dos Hells Angels, alguns já bêbados, também piorou. Enquanto se apresentava, Marty Balin, do grupo Jefferson Airplane, desmaiou ao ser atingido por um Angel.

A violência chegou ao ponto máximo quando, na apresentação dos Rolling Stones, Meredith Hunter, de 18 anos, que tomara anfetamina, tentou subir no palco. Depois de uma briga com os Hells Angels, foi empurrado de volta para a multidão, mas retornou com um revólver. Ao ver isso, o Angel Alan Passaro puxou a faca, golpeou Hunter duas vezes e o matou. No palco, os Rolling Stones perceberam a comoção, mas não a gravidade, e continuaram a tocar.

Passaro alegou legítima defesa e foi absolvido da acusação de homicídio, mas a morte de Hunter não foi a única no festival. Duas pessoas morreram num atropelamento em que o motorista fugiu e outra se afogou numa vala de drenagem. Além disso, houve numerosos roubos. Em contraste com o clima de "paz e amor" do Festival de Woodstock no estado de Nova York, quatro meses antes, Altamont foi o final amargo para uma década em que houve explosão de criatividade no *rock and roll.*

**"Quando a década de 1960 terminou, 200 americanos ainda morriam toda semana no Vietnã."**

## Nixon na Casa Branca

Quando o republicano Richard Nixon entrou na Casa Branca em janeiro de 1969, a presença americana no Vietnã estava no ponto máximo, com 543 mil militares. Embora o novo presidente estivesse determinado a acabar com a guerra, o maior bombardeio aconteceu logo nos seus primeiros meses de seu mandato, e as conversações de paz ainda estavam num impasse quando Ho Chi Minh morreu em setembro daquele ano.

No entanto, algumas notícias positivas aconteceram nos Estados Unidos: depois de ser ultrapassado pela União Soviética no espaço e do incêndio durante um teste em Cabo Kennedy causando a morte de três astronautas, em julho de 1969 a missão Apollo XI cumpriu a promessa de Kennedy de levar um homem à Lua antes do fim da década.

A década de 1960 terminou com duzentos americanos ainda morrendo toda semana no Vietnã, enquanto os EUA buscavam um modo de sair do conflito sem perderem prestígio. Em casa, os protestos contra a guerra ficavam cada vez mais radicais e violentos. A década chegou ao fim com uma sensação pública de desencanto com o governo e a situação ficou ainda pior nos anos seguintes.

**À ESQUERDA:** Posse do presidente Richard Nixon em janeiro de 1969. Nixon estava determinado a encerrar a guerra do Vietnã, mas isso demorou mais do que o esperado, e ele já não estava mais no cargo quando finalmente chegou ao fim.

# 11

# REVOLTA E RENOVAÇÃO

Na década de 1970, Richard Nixon conseguiu finalmente desvencilhar os Estados Unidos do Vietnã, mas seu método de governar causou sua queda e revelou uma sinistra cultura da espionagem no país.

Em maio de 1970, visando à sua proteção, o presidente Nixon foi levado da Casa Branca para o retiro de Camp David, a 100 km de Washington. Os Estados Unidos não estavam sob ataque de uma potência estrangeira, mas de seu próprio povo: uma multidão de 100 mil manifestantes aglomerou-se na capital e alguns quebraram vidraças e arrastaram carros estacionados para bloquear as ruas.

O protesto foi provocado pelo fato da Guarda Nacional de Ohio ter atirado em estudantes da Universidade Estadual de Kent naquele mês. Em reação à notícia de que a guerra do Vietnã se expandiria para atacar as forças dos vietcongues no Camboja, os estudantes manifestaram-se durante quatro dias e incendiaram o prédio do corpo de treinamento de oficiais da instituição. Quando a manifestação principal já estava se dispersando, embora alguns ainda jogassem pedras, pelo menos 29 dos 77 guardas atiraram na multidão. No total, quatro estudantes foram mortos, sendo que dois deles só caminhavam para as aulas, não estando envolvidos no protesto; outros nove se feriram.

**PÁGINA AO LADO: Em maio de 1970, no campus de Berkeley da Universidade da Califórnia, um manifestante lança um cilindro de gás lacrimogênio na polícia. Os protestos contrários à guerra do Vietnã se intensificaram nos Estados Unidos depois da invasão americana do Camboja, em abril de 1970.**

À DIREITA: Estudantes protestam na Universidade Estadual de Kent, em Ohio, em maio de 1970, e fogem quando a Guarda Nacional lança gás lacrimogênio. Depois de quatro dias de manifestações, os guardas abriram fogo contra os manifestantes, mataram quatro estudantes e feriram nove.

ABAIXO: Cinco dias depois dos tiros na Universidade de Kent, 100 mil pessoas se reuniram em protesto em Washington. Ao ver a carnificina e a presença militar, Charles Colson, assessor de Richard Nixon, observou: "Esta é uma nação em guerra consigo mesma".

Não se sabe por que os guardas atiraram, pois não houve essa ordem. Mais tarde, alguns afirmaram ter sido alvejados, embora isso nunca tenha sido confirmado, e a multidão apresentava pouca ameaça física — a pessoa mais próxima atingida pelas balas estava a 22 metros de distância. Uma Comissão Presidencial constatou que as ações dos guardas não tinham justificativa, e oito acabaram sendo indiciados pela investigação. No entanto, as acusações foram rejeitadas com o fundamento de que eram fracas demais para ir a julgamento.

Outros protestos foram provocados pelos tiros. Quatro dias depois, na Universidade do Novo México, onze pessoas foram atacadas pela Guarda Nacional armada com baionetas; na semana seguinte, as polícias estadual e rodoviária mataram dois estudantes e feriram nove na Universidade Estadual de Jackson, no Mississipi, só para negros. No total, 450 universidades do país foram fechadas depois de protestos, violentos ou não.

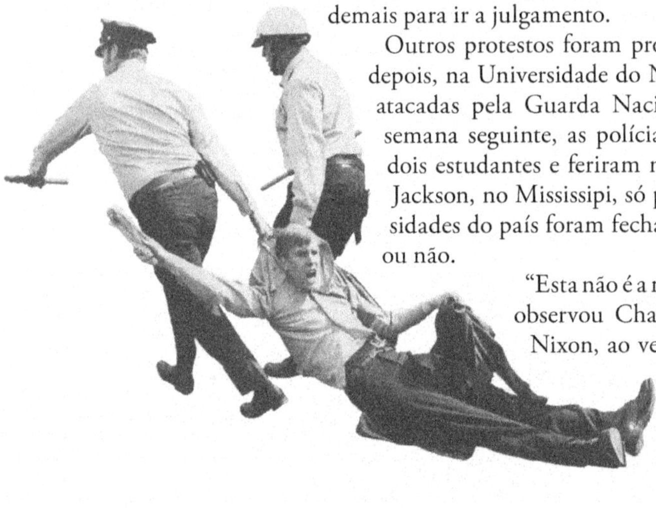

"Esta não é a maior democracia livre do mundo", observou Charles Colson, assessor de Richard Nixon, ao ver a 82ª Divisão Aerotransportada chegar a Washington para restaurar a ordem. "Esta é uma nação em guerra consigo mesma."

### A revolta na penitenciária de Attica

Em setembro do ano seguinte, 2.200 presos da penitenciária de Attica, no estado de Nova York, revoltaram-se e tomaram 42 funcionários como reféns. A capela da instituição foi incendiada e os guardas foram surrados; um deles foi jogado por uma janela, morrendo mais tarde por causa dos ferimentos.

**"Quatro dias de negociação terminaram em impasse quando jogaram gás lacrimogênio na penitenciária."**

Manifestando-se contra o excesso de lotação e a violência dos guardas prisionais, os presos elaboraram uma lista com 27 exigências. Embora o comissário penitenciário estadual Russell Oswald concordasse em melhorar as condições de vida dos presos, as negociações foram interrompidas quando os presos exigiram anistia pela revolta. Quatro dias de conversações terminaram em impasse, quando gás lacrimogênio foi lançado na penitenciária e a polícia estadual de Nova York atirou na fumaça e feriu 25 presos e 10 reféns.

Na investigação iniciada sobre a gestão da crise, a Comissão Especial do Estado de Nova York relatou que, com a exceção dos massacres de indígenas no século XIX, o ataque da polícia estadual "foi o confronto mais sangrento de um dia entre americanos desde a Guerra de Secessão".

ABAIXO: A Penitenciária Estadual de Attica, logo depois das tropas da Polícia Estadual de Nova York darem fim ao motim e ao cerco de quatro dias, em 1971. Quando a revolta terminou, havia 43 mortos: 10 carcereiros e funcionários civis, e 33 presidiários.

ACIMA: O presidente Richard Nixon e o premiê chinês Chou Enlai normalizaram as relações entre os dois países em fevereiro de 1972. Ou, como disse Nixon em particular: "Estamos fazendo o que a China faz para ferrar os russos e nos ajudar no Vietnã".

## Nixon na China

Decidido a retirar os Estados Unidos da guerra do Vietnã e salvar as aparências, Nixon calculou que um degelo nas relações com a China ajudaria a separá-la do Vietnã do Norte e facilitaria a negociação americana com Hanói. Ele também esperava aproveitar a ruptura recente entre a China e a União Soviética. Depois da missão secreta do assessor de segurança nacional Henry Kissinger em Pequim, em 1971, Nixon foi à China em fevereiro seguinte para começar a normalizar as relações entre os dois países.

Seus cálculos mostraram-se corretos. A União Soviética, temendo o isolamento caso China e Estados Unidos se aproximassem muito, atenuou a postura com os EUA e, naquele verão, o presidente americano foi a Moscou para um acordo sobre controle de armamentos. A conquista de Nixon foi recebida como um passo para o fim da Guerra Fria, mas ele só conseguiu esse sucesso porque passou por cima do Congresso, da burocracia e da mídia. No entanto, esse método acabou trazendo seu fim.

**"A culpa era do clima de sigilo e paranoia que Nixon cultivava."**

No Vietnã, o número de soldados estadunidenses já havia sido reduzido, mas os bombardeios pesados periódicos continuavam durante as negociações. Assim, em janeiro de 1973, Nixon anunciou o cessar-fogo para dar fim à guerra. As forças americanas recuaram e os prisioneiros de guerra foram devolvidos, sendo garantido ao Vietnã do Sul o direito de decidir seu próprio futuro político. No entanto, essa garantia foi apenas teórica: Nixon deixou de mencionar que os soldados norte-vietnamitas poderiam permanecer no sul.

## O golpe chileno

Quanto tempo duram as visitas de Estado? Alguns dias? Talvez uma semana. No fim de 1971, o primeiro-ministro cubano Fidel Castro fez uma visita ao Chile que durou um mês. Castro foi convidado pelo presidente marxista Salvador Allende que, desde sua eleição no ano anterior, começara a nacionalizar as indústrias, inclusive as minas de cobre pertencentes aos EUA. O governo Nixon temia que surgisse um governo como o de Cuba na América do Sul e já autorizara 10 milhões de dólares para a CIA apoiar a oposição a Allende. Além disso, os Estados Unidos prejudicaram os planos de desenvolvimento econômico do Chile ao convencer o Banco Mundial a não fazer empréstimos ao país. Depois, em 11 de setembro de 1973, as Forças Armadas chilenas atacaram o governo com caças atirando no palácio presidencial. Allende se recusou a se render e se matou com um tiro.

Washington reconheceu prontamente a nova junta militar encabeçada pelo comandante em chefe das Forças Armadas chilenas, general Augusto Pinochet Ugarte. A política de livre mercado de Pinochet se adequava aos interesses comerciais americanos, porém seu regime violento sequestrou e assassinou mais de 3 mil adversários políticos e até mesmo dois estadunidenses. Somente em 1990, sob muita pressão, Pinochet abandonou o poder. Preso mais tarde por violação dos direitos humanos, morreu enquanto aguardava julgamento em 2006.

ACIMA: O general chileno Augusto Pinochet acompanhado pelos comandantes da Marinha e da Aeronáutica, depois do sucesso do golpe militar no Chile em 1973. Secretamente, a CIA gastou milhões de dólares para ajudar Pinochet a tomar o poder.

## Watergate

Nas eleições de 1968, por pouco Nixon não chegou à Casa Branca; mas em 1972 a vitória foi acachapante. No entanto, dali a dois anos, ele seria forçado a renunciar.

Embora parecesse ridículo sugerir isso na época, o mandato de Nixon começou a derreter na noite de 17 de junho de 1972, quando cinco homens foram presos ao arrombar e tentar instalar escuta no Comitê Nacional Democrata, no complexo de prédios de Watergate, em Washington.

Um dos homens foi identificado como ex-agente da CIA, e a investigação feita pelos repórteres Bob Woodward e Carl Bernstein, do *Washington Post*, auxiliada por dicas secretas de Mark Felt, diretor associado do FBI, conseguiu ligar os arrombadores a pagamentos do Comitê de Reeleição do presidente. Nixon negou qualquer envolvimento da Casa Branca no episódio; para sermos justos, provavelmente ele não sabia. Mas a culpa era do clima de sigilo e paranoia que ele cultivava. Nixon sancionou invasões e escuta de adversários, e os presos tinham laços com a Casa Branca e o submundo de agentes da CIA, bem como com ativistas cubanos contrários a Fidel.

Pessoalmente, Nixon criou uma Unidade Especial de Inteligência (cujos agentes ficaram conhecidos como "encanadores") para estancar vazamentos do governo — como fizeram os *Pentagon Papers* ao revelar que, no governo Johnson, o bombardeio americano no sudeste da Ásia expandiu para Laos e Camboja. Do mesmo modo, em 1972 os truques sujos de Nixon visavam aos possíveis candidatos democratas à presidência. Para dar um exemplo, a candidatura do senador democrata Edmund Muskie ficou desestabilizada com uma carta forjada enviada a um jornal de New Hampshire afirmando que Muskie fizera observações pejorativas sobre os franco-canadenses. Com os candidatos mais fortes removidos, o partido democrata acabou escolhendo George McGovern, um dos candidatos mais fracos, e Nixon teve uma vitória fácil.

**ACIMA: O assessor John Dean, da Casa Branca, organizou o ocultamento dos fatos depois do arrombamento em Watergate. Contudo, com a investigação envolvendo personagens cada vez mais importantes da Casa Branca, em abril de 1973 ele concordou em depor diante do comitê do Senado.**

Em termos mais amplos, os métodos de Nixon eram característicos da época. Em resposta aos protestos contra a guerra, os serviços secretos e os órgãos policiais, desde meados da década de 1960 e sem autoridade legal, instalaram escuta e mantiveram os movimentos de esquerda sob vigilância eletrônica. Especificamente, o COINTELPRO — programa de contrainteligência do FBI — foi criado para vigiar entidades de direitos civis.

## O fim de Nixon

Enquanto Nixon distribuía dinheiro para manter em silêncio os arrombadores de Watergate e seus cúmplices, o Senado, dominado pelos democratas, criou um comitê para investigar a situação. Quanto mais perguntas faziam, mais o caminho levava para cima, diretamente à Casa Branca. Sob interrogatório, um assessor revelou que Nixon gravava suas conversas na Casa Branca. Embora presidentes anteriores tivessem gravado algumas conversas, Nixon gravara mais de 3 mil horas. Após algumas obstruções, o presidente foi forçado a entregar as fitas, de onde vieram as provas que permitiram o início do processo de *impeachment*.

Com a divulgação de uma transcrição que revelava a tentativa de Nixon de interromper a investigação de Watergate pelo FBI, seu destino foi selado. O apoio republicano no Congresso sumiu e, com o *impeachment* iminente, Nixon renunciou em 9 de agosto de 1974. Foi o único presidente americano a fazer isso.

**PÁGINA AO LADO: Com a família atrás, Richard Nixon renuncia em agosto de 1974. Talvez começando a entender a natureza de sua queda, Nixon se despediu da equipe da Casa Branca com as palavras: "Aqueles que nos odeiam só vencem quando nós os odiamos, e aí nos destruímos".**

Watergate derrubou Nixon, mas o caso foi a comprovação da democracia americana. As ações escusas de Nixon foram reveladas e a justiça predominou. Além disso, alguns de seus assessores na Casa Branca cumpriram pena. De 1974 a 1976, comitês presidenciais e parlamentares investigaram os delitos da comunidade de inteligência, expuseram o COINTELPRO do FBI e alimentaram no povo americano uma desconfiança mais ampla contra o governo federal e as forças policiais.

### O fim no Vietnã

Em 1973, Nixon conseguiu retirar as tropas terrestres americanas, mas a campanha de bombardeio em apoio ao Vietnã do Sul independente continuou. Mas o Sul era um estado frágil e corrupto onde, dali a dois anos, a inflação atingiu 65% e os soldados desertavam do exército. Em março de 1975, o exército norte-vietnamita avançou de repente pelo Sul e, no mês seguinte, o Vietnã e o Camboja caíram em mãos comunistas. Nos últimos dias, uma multidão se reuniu na embaixada americana em Saigon, tentando ocupar os últimos lugares nos helicópteros que levavam americanos e refugiados para navios de guerra no Mar da China Meridional. Em 30 de abril, o último helicóptero americano partiu, horas antes que o exército norte-vietnamita derrubasse os portões do palácio presidencial. Assim terminaram os quinze anos de envolvimento dos Estados Unidos no Vietnã.

## O MASSACRE DE JONESTOWN

Os últimos dias de Leo Ryan começaram em novembro de 1978 quando, sendo presidente de um subcomitê do Congresso com jurisdição sobre cidadãos americanos que viviam no exterior, voou para a Guiana, na América Latina, a fim de investigar o culto do Templo dos Povos de Jim Jones.

Jones afirmava ter poderes divinos desde jovem e, em 1956, criou o Templo dos Povos em Indianápolis. Ele enfatizava a integridade social e, nos primeiros anos, a mistura de cristianismo e socialismo da igreja fez algum bem à comunidade, como a organização do sopão para os pobres. Nove anos depois, o Templo mudou-se para a Califórnia.

Entretanto, Jones eram um embusteiro: tinha espiões para furtar informações que usava para promover sua fama de clarividente e atores se fingiam de paralíticos até que ele os "curasse". Também era excelente em controlar os outros e obter dinheiro. Em 1975, o patrimônio do Templo foi estimado em 10 milhões de dólares. É claro que os membros tinham de doar a Jones tudo o que tinham: suas posses, seus filhos e seu corpo. Quando começaram a surgir acusações de apropriação indébita dos recursos, Jones procurou um novo lar para o Templo e comprou terras remotas na selva da Guiana. Em maio de 1977, mil membros do Templo partiram da Califórnia para começar uma vida nova em Jonestown, na Guiana.

Descrita como comuna agrícola, Jonestown era mais parecida com um campo de concentração, pelos relatos dos que escaparam de lá. Os membros trabalhavam no campo em turnos de onze horas, acampados em condições insalubres, recebiam ração inadequada e sofriam de uma série de doenças. Se não trabalhassem o suficiente, eram submetidos a surras públicas por guardas armados. Enquanto isso, para manter as pessoas caladas e sustentar a alegação de Jones de que agora ele era o deus deles, os telefonemas eram proibidos, a correspondência, censurada, passaportes e dinheiro eram confiscados.

Na viagem à Guiana, Leo Ryan foi acompanhado por alguns jornalistas e parentes dos membros do culto preocupados com a situação. O grupo de Ryan chegou a Jonestown em dois aviões pequenos e passou dois dias conversando com membros do Templo, antes de se preparar para partir com quatorze membros que queriam sair do culto. O primeiro avião já taxiava pela pista quando Larry Layton, um dos supostos desistentes a bordo, abriu fogo contra os passageiros. Com isso, outros membros que haviam escoltado o grupo visitante de volta aos aviões começaram a atirar; mataram Ryan, três jornalistas e um desistente do Templo e feriram outros. Os sobreviventes fugiram para o campo, enquanto outros passageiros conseguiram dominar Layton e pedir ajuda pelo rádio.

Em termos de finanças e baixas, a guerra foi um fracasso caríssimo para os Estados Unidos. Perderam-se 58 mil vidas americanas e estimados 2 milhões de vietnamitas. Além disso, os EUA lançaram no Vietnã um peso total em bombas maior do que na Alemanha, Itália e Japão somados durante a Segunda Guerra Mundial, provocando não só destruição como danos ecológicos de longo prazo. Desde 2000, o Congresso americano destinou mais de 84 milhões de dólares a operações de descontaminação da terra vietnamita, por causa dos efeitos do Agente Laranja e de outras armas químicas.

**"A guerra tirou 58 mil vidas americanas e estima-se que 2 milhões de vidas vietnamitas."**

Depois do Vietnã, também houve consequências no Capitólio. Após a guerra ser travada por Johnson e Nixon sem sequer uma declaração formal, em novembro de 1973 foi aprovada a Lei dos Poderes de Guerra, que impede que o presidente use soldados estadunidenses em combate durante mais de sessenta dias, sem aprovação parlamentar.

No dia seguinte, quando abriu caminho pela selva até Jonestown, o exército guianense encontrou 909 cadáveres, 260 deles de crianças. Os poucos que se esconderam no campo sobreviveram, mas quase todos os membros do Templo dos Povos beberam ou receberam uma injeção de cianureto, enquanto o próprio Jones morreu com um tiro na cabeça.

Como o flautista de Hamelin, Jones levou seus seguidores para um lugar ermo. Quando o culto foi ameaçado, supõe-se que o próprio Jones causou sua destruição. Até os ataques de 11 de setembro de 2001, o suicídio em massa de Jonestown foi a maior perda de vidas civis americanas num ato deliberado.

ACIMA: Houve 909 vítimas no massacre de Jonestown na Guiana, em novembro de 1978. Os membros do culto do Templo dos Povos de Jim Jones beberam ou receberam injeções de cianureto.

ACIMA: O presidente Ronald Reagan anuncia a Iniciativa de Defesa Estratégica em 1983. Conhecido como projeto "Star Wars", esse sistema, se funcionasse, interceptaria rapidamente os mísseis nucleares inimigos e os destruiria.

## A nova Guerra Fria

"A paz não vem da fraqueza nem da retirada. Vem da restauração da superioridade militar americana", declarou Ronald Reagan em 1976, quando concorreu como candidato republicano desafiando o presidente Gerald Ford. Reagan não venceu daquela vez, e o democrata Jimmy Carter substituiu Ford na Casa Branca.

No entanto, em 1981, quando Reagan se tornou presidente, seu tom de voz foi marcadamente beligerante, em contraste com o de Ford ou Carter. Chamou a União Soviética de "império do mal" e, em 1983, anunciou a Iniciativa de Defesa Estratégica (Strategic Defense Initiative, SDI). Conhecida pelo público como projeto "Star Wars", esse sistema, se funcionasse, interceptaria rapidamente os mísseis nucleares inimigos e os destruiria.

Na verdade, o anticomunista Reagan se opunha com veemência às armas nucleares. E, com Mikhail Gorbachev, o novo líder soviético relativamente jovem e reformista agora no poder, começaram uma série de conferências de cúpula na Europa para discutir a redução das armas. O resultado ocorreu em dezembro de 1987, com a elaboração de um tratado sobre armas nucleares de médio alcance. Foi a primeira vez que as superpotências reduziram seu arsenal.

## Os desastres do ônibus espacial

Os cinco Space Shuttles ou ônibus espaciais da NASA, cujos voos operacionais começaram em 1982, fizeram 135 missões até serem aposentados quase trinta anos depois. Naquela época, aconteceram dois desastres. Em janeiro de 1986, o ônibus espacial *Challenger* desmoronou depois de 76 minutos de voo e causou a morte dos sete tripulantes. Não projetada para ser usada em temperatura tão baixa, a junta de um dos foguetes cedeu e provocou um vazamento explosivo de combustível. Ao investigar o desastre, a comissão constatou que a estrutura organizacional levou a NASA a ignorar os alertas dos engenheiros.

## ASSASSINOS

ACIMA: Em 1981, policiais e agentes do Serviço Secreto correm para desarmar John Hinckley Jr., que tentou matar Ronald Reagan em Washington.

Com menos de três meses no cargo, Ronald Reagan foi vítima de uma tentativa de homicídio. Em 30 de março de 1981, John Hinckley Jr., de 25 anos, estava no meio da multidão do lado de fora do Hilton Hotel, em Washington, quando Reagan saiu, depois de discursar numa conferência. A apenas quatro metros e meio do presidente, Hinckley conseguiu dar-lhe seis tiros, mas só a última bala o atingiu. Reagan sofreu uma perfuração no pulmão, mas, levado às pressas ao hospital, o presidente de 70 anos se recuperou bem da cirurgia. Os outros tiros feriram Tim McCarthy, agente do serviço secreto que protegia o presidente, o policial Thomas Delahanty e James Brady, secretário de imprensa da Casa Branca. Todos sobreviveram, mas Delahanty teve de se aposentar da polícia e Brady ficou parcialmente paralisado. Mais tarde, Brady fez uma campanha bem-sucedida pelo controle mais estrito de armas, o que deu origem, em 1993, à Lei Brady, que tornou obrigatória a verificação de antecedentes federais nas compras de armas. Enquanto isso, Hinckley foi considerado não culpado por motivo de insanidade e ficou detido em instituição psiquiátrica até sua libertação em 2016.

Em 8 de dezembro de 1980, Mark Chapman matou a tiros o ex-Beatle John Lennon diante do apartamento do músico em Nova York. Os advogados de Chapman alegaram insanidade, mas, em junho de 1981, o assassino mudou de ideia, disse que sua ação foi vontade de Deus e se declarou culpado. Condenado por homicídio em segundo grau, foi sentenciado à pena variável de 20 anos a prisão perpétua e, até 2016, sua liberdade condicional tinha sido negada nove vezes.

Dezessete anos depois, em fevereiro de 2003, o ônibus espacial *Columbia* se desintegrou ao reentrar na atmosfera da Terra. Mais uma vez, os sete tripulantes morreram. Dessa vez, um pedaço de espuma de isolamento do tamanho de uma mala se soltou de um foguete durante o lançamento e deixou um furo de 15 a 25 cm na asa do módulo orbital. Embora não afetasse a missão no espaço, quando o módulo voltou à Terra gases quentes penetraram na asa, deixando a espaçonave instável e causando sua lenta desintegração.

Suspensas por mais de dois anos, todas as missões subsequentes do programa do ônibus espacial ao ser retomado, com uma exceção, foram para a Estação Espacial Internacional, para que a tripulação pudesse usá-la como refúgio caso um dano semelhante do módulo impedisse a reentrada segura.

### Operações secretas

Enquanto Reagan e Gorbachev discutiam a redução do número de armas nucleares, o governo Reagan gastava maciçamente em armamento: o orçamento do Departamento de Defesa quase dobrou de 1980 a 1985.

Com exceção do auxílio da CIA para combater as forças cubanas que lutavam em Angola em 1975 e 1976, o governo dos presidentes Ford e Carter restringiram o envolvimento do país no exterior. Reagan reverteu isso. Os Estados Unidos ficaram ativos num novo campo de batalha da Guerra Fria, o chamado quintal da América Central e do Caribe. O golpe militar de 1983 em Granada foi a oportunidade para o ataque e a ocupação militar pelos americanos. Enquanto isso, na Nicarágua, a CIA criou e armou a força rebelde anticomunista dos "Contras" para atrapalhar as iniciativas do governo sandinista e socialista do país.

Em novembro de 1986, o governo Reagan foi manchado pela revelação de que os Estados Unidos haviam vendido armas ao Irã, na época sob o controle de clérigos islâmicos fundamentalistas. Atitude ilegal pela lei americana, a venda fazia parte de um acordo que foi muito rejeitado para conseguir a libertação de reféns americanos no Líbano. Além disso, do dinheiro recebido, 30 milhões foram desviados por Oliver North, membro do Conselho de Segurança Nacional, para financiar os "Contras" da Nicarágua, uma vez que o Congresso havia cortado os recursos oficiais para os rebeldes em virtude de seu péssimo histórico de violação dos direitos humanos.

A princípio, o presidente negou ter trocado armas por reféns, mas a investigação o forçou a falar à nação e admitir que foi exatamente isso que fez. Embora enfraquecido, o governo Reagan continuou. Vários funcionários do governo e da CIA foram condenados por ocultar provas, embora a maioria tenha sido perdoada em 1992 pelo presidente George H. W. Bush, sucessor de Reagan.

**PÁGINA AO LADO: O ônibus espacial Challenger se desfez menos de dois minutos depois do lançamento, em janeiro de 1986. A junta de um dos foguetes cedeu e provocou um vazamento explosivo de combustível. Os sete astronautas a bordo morreram.**

## O fim da Guerra Fria

No fim da década de 1980, o fardo econômico do bloco soviético se tornou insustentável, e a política liberalizante de Gorbachev incentivou a "liberdade de escolha" dos Estados-membros do Pacto de Varsóvia. Em 1989, quando as eleições livres da Polônia e da Hungria levaram ao poder governos não comunistas, o premiê soviético, ao contrário dos antecessores, não mandou tanques para pôr os países na linha outra vez, mas disse que respeitaria a decisão. Logo, protestos em massa contra o governo comunista linha-dura cresceram na Alemanha Oriental. E quando outros países do Pacto de Varsóvia abriram suas fronteiras ao Ocidente, a Alemanha Oriental, já quase falida, ficou isolada. Nem Gorbachev interviu para salvá-la. Em 9 de novembro, quando a Alemanha Oriental suspendeu as restrições às viagens, os berlinenses do Leste se juntaram ao lado do Muro de Berlim e começaram a destruí-lo, demolindo-o em poucas semanas.

Depois de quarenta anos, a Cortina de Ferro finalmente foi "aberta", chegando ao fim. As forças americanas instaladas na Europa Ocidental não entraram em combate nem dispararam mísseis. Depois de quase enfrentar uma guerra na crise dos mísseis em Cuba e de travar guerras por procuração na Coreia e no Vietnã, os Estados Unidos observaram a Guerra Fria terminar em paz.

Em dois anos, contudo, um novo foco de preocupação ocorreria no Oriente Médio, com soldados americanos em luta no Iraque, o primeiro de vários conflitos na região.

# 12

# A ÚNICA SUPERPOTÊNCIA

Com o desmembramento da União Soviética depois da Guerra Fria, os Estados Unidos passaram a ser a única superpotência. Mas se tornaram o alvo do terrorismo islâmico e, com a instabilidade no Oriente Médio, a guerra e os conflitos sangrentos não acabaram para o país.

Na década de 1980, o Iraque travou uma guerra de oito anos contra o Irã que terminou em impasse, uma dívida imensa e descontentamento doméstico crescente com o ditador Saddam Hussein. Para ele, o remédio foi atacar outro vizinho, dessa vez o pequeno emirado do Kuwait, cuja invasão aumentou sua influência nacional, deu-lhe finalmente uma vitória e dobrou as reservas de petróleo do país. Agora ele controlava 20% do petróleo do mundo.

No entanto, esse foi outro erro de cálculo de Saddam. Embora o Iraque tivesse recebido informações e equipamento dos EUA, do Reino Unido, da OTAN e de outros estados árabes preocupados com os revolucionários islâmicos do Irã, a invasão do Kuwait foi vista de forma muito diferente. Ao contrário do Irã, o Kuwait era um estado pequeno, que mantinha relações amistosas com as potências ocidentais; em poucas horas, o Conselho de Segurança da ONU condenou o Iraque.

Embora alguns em Washington, como Colin Powell, chefe do Estado-Maior conjunto, esperassem que as sanções convencessem Saddam a sair do Kuwait, o presidente George H. W. Bush tendia a adotar ações militares e disse numa entrevista coletiva: "Estamos lidando com Hitler

**PÁGINA AO LADO: Memorial Nacional do 11 de Setembro em Nova York. Os ataques de 11 de setembro de 2001 mataram 2.996 pessoas e feriram mais de 6 mil. Uma nova era de terrorismo suicida havia chegado ao Ocidente.**

revisitado, um totalitarismo e uma brutalidade às claras e sem precedentes nos tempos modernos".

As violações dos direitos humanos de Saddam foram, de fato, terríveis. Mais tarde, o Human Rights Watch estimou que 250 mil pessoas foram mortas ou "desapareceram" na violenta ditadura de Saddam. Em 1988, seu efetivo usou gás contra os curdos do norte do Iraque , o que resultou na morte de pelo menos 50 mil pessoas, entre muitos outros crimes. Também houve a questão das armas de destruição em massa. Armas químicas foram utilizadas contra o Irã na Guerra Irã-Iraque, e armas biológicas estavam sendo testadas. Saddam planejava usá-las mais amplamente?

Com a resolução do Conselho de Segurança da ONU de dar a Saddam um ultimato para sair do Kuwait até 15 de janeiro de 1991, foi estabelecida uma aliança internacional comandada pelos Estados Unidos, que incluía soldados franceses e britânicos, com apoio da Arábia Saudita, do Egito e até da Síria, apesar de não ser amiga dos EUA, mas sim do Irã.

Depois do bombardeio intenso dos sistemas de comando e defesa aérea do Iraque e do Kuwait, as operações em terra, com 540 mil soldados estadunidenses e 250 mil dos outros aliados, partiram da Arábia Saudita em 24 de fevereiro. Em cem horas, o Kuwait foi retomado. Estima-se que 35 a 80 mil soldados iraquianos morreram, com a perda de 240 soldados da

coalizão. Quase um quarto das baixas americanas e mais da metade das mortes britânicas se deveram ao "fogo amigo" — característica da guerra moderna em que ataques a longa distância de artilharia e aviões visam alvos distantes que não podem ser vistos.

Bush interrompeu o ataque quando o Kuwait foi liberado, apesar das críticas de que deveria ter avançado, invadido o Iraque e derrubado Saddam. Ao escrever sete anos depois, ele defendeu suas razões para não invadir o Iraque e argumentou que a coalizão internacional seria desfeita imediatamente e seria "concebível que os Estados Unidos ainda fossem uma potência ocupante numa terra extremamente hostil". Ele tinha razão, como o filho descobriria uma década depois.

## A batalha de Mogadíscio

Em 1992, fuzileiros navais americanos foram enviados para a Somália como parte de uma operação das Nações Unidas para levar auxílio humanitário e estabilizar o país, depois que se fragmentou na guerra civil no início da década de 1990. Em outubro, uma combinação de várias forças especiais americanas iniciou a missão de capturar os líderes do clã Habr Gidr em Mogadíscio, capital da Somália. Com 19 aviões, 12 veículos e 160 homens, a operação foi planejada para não levar mais de uma hora. Na verdade, a missão, além de não capturar seus alvos, durou quinze horas, depois que dois helicópteros Black Hawk foram derrubados e os sobreviventes ficaram isolados. Quando a feroz batalha urbana explodiu, uma imensa força-tarefa combinada de soldados de infantaria americanos, malaios e paquistaneses, com veículos blindados e helicópteros, foi enviada para resgatar os soldados perdidos.

**"O uso de gás contra os curdos do norte do Iraque, em 1988, resultou na morte de pelo menos 50 mil pessoas."**

No total, 18 soldados americanos morreram, 73 ficaram feridos e a Malásia e o Paquistão também sofreram uma morte cada. As baixas do adversário foram imensas, a ONU estima que entre 300 e 500 combatentes somalis morreram.

A Batalha de Mogadíscio fez os Estados Unidos reduzirem seu envolvimento na Somália e lançou uma sombra sobre sua política externa. Embora em 1999 o presidente Bill Clinton tenha se comprometido com o poder aéreo no bombardeamento da OTAN a posições sérvias durante a guerra civil na Bósnia, para finalmente encerrar um conflito que a ONU e a União Europeia não conseguiram resolver, em 1994 os Estados Unidos não intervieram no genocídio de Ruanda.

**À ESQUERDA: Soldado americano em patrulha como parte de uma força das Nações Unidas em Mogadíscio, na Somália, em 1993. A fracassada missão americana de capturar os líderes do clã somali naquele mês de outubro foi a batalha mais sangrenta na qual soldados estadunidenses se envolveram desde a Guerra do Vietnã.**

### Os tumultos de Los Angeles

Quando o afro-americano Rodney King, de 25 anos, foi visto dirigindo em alta velocidade no San Fernando Valley, na madrugada de 3 de março de 1991, a patrulha rodoviária da Califórnia o perseguiu. King, que havia bebido, tentou escapar.

Finalmente encurralados pela polícia de Los Angeles, King e dois passageiros desceram do carro. King estava desarmado, no entanto, quando não obedeceu à ordem da polícia de se deitar no chão e tentou fugir, seguiu-se uma surra cruel dos policiais, em que recebeu 56 golpes. A gravação

ACIMA: Loja saqueada e incendiada nos tumultos de Los Angeles em abril de 1992. As revoltas explodiram depois da absolvição de quatro policiais acusados — e filmados — de atacar o afro-americano Rodney King.

da surra foi feita por um morador local e transmitida por uma estação de TV de Los Angeles; logo se transformou em história nacional de violência policial contra um negro desarmado.

Os quatro policiais foram acusados de agressão e uso excessivo da força; porém, quando foram absolvidos em julgamento no mês seguinte, os bairros de Los Angeles em torno da região centro-sul afro-americana explodiram em seis dias de tumulto. Além de saques e incêndios, a violência racialmente mista teve como alvo frequente as comunidades hispânicas e coreanas. O julgamento de Rodney King pode ter sido o estopim, mas, em termos mais amplos, os tumultos foram atribuídos às frustrações da pobreza sofridas na recessão do início da década de 1990.

Enquanto os tumultos se espalhavam pela cidade, o toque de recolher e a mobilização da Guarda Nacional federalizada da Califórnia acabaram controlando a situação, mas até lá 55 pessoas morreram (dez foram mortas pelos órgãos policiais ou pela Guarda Nacional) e mais de 2 mil ficaram feridas.

No ano seguinte, foram apresentadas acusações federais de violações dos direitos civis contra os quatro policiais que surraram Rodney King, e dois foram considerados culpados e condenados a 32 meses de prisão.

## Atentado em Oklahoma

Dois anos depois do fim do cerco de Waco*, Timothy McVeigh, de 26 anos, explodiu uma bomba diante de um edifício federal em Oklahoma City que matou 168 pessoas, inclusive 19 crianças, e feriu mais de 600.

McVeigh serviu na infantaria americana na Primeira Guerra do Golfo, porém, quando deixou o exército, afastou-se e ficou cada vez mais isolado; visitava exposições de armas e desenvolveu ódio ao que via como um governo cada vez mais socialista. Quando decidiu atacar um prédio federal, ele e o colega Terry Nichols construíram uma bomba de 2.300 quilos e a montaram na traseira de um caminhão. McVeigh acendeu o detonador

* N. da T.: Policiais do Texas e do governo federal cercaram prédios pertencentes ao culto do Ramo Davidiano, com a situação terminando com incêndio e morte de 86 pessoas.

## FURACÃO KATRINA

Em agosto de 2005, o furacão Katrina, o desastre natural mais custoso da história dos Estados Unidos, provocou grave destruição no litoral do Golfo do México, desde a Flórida até o Texas. Pelo menos 1.245 pessoas morreram na tempestade e nas inundações que se seguiram. A maior parte dos danos e mortes ocorreu em Nova Orleans, onde cinquenta pontos de rompimento dos diques deixaram 80% da cidade embaixo d'água. Katrina, o terceiro ciclone tropical mais intenso a atingir os Estados Unidos, desalojou mais de 1 milhão de pessoas e provocou a maior diáspora da história americana.

Embora a Guarda Costeira resgatasse 35 mil pessoas e fosse reconhecida com o registro oficial no Congressional Record, houve críticas à reação mais ampla ao desastre, que causaram a renúncia do diretor da Agência Federal de Gestão de Emergências e do superintendente do Departamento de Polícia de Nova Orleans. Mais tarde, as investigações responsabilizaram o Corpo de Engenharia do Exército americano pela construção de defesas inadequadas contra enchentes na cidade.

de dois minutos e deixou o caminhão diante do edifício federal Alfred P. Murrah, em Oklahoma City.

Quando encontrado, McVeigh afirmou que a bomba era uma vingança contra as ações do governo em Waco. Considerado culpado de usar uma arma de destruição em massa, entre outras acusações, ele foi executado com uma injeção letal em junho de 2001. Terry Nichols foi condenado à prisão perpétua.

### A Guerra ao Terror

No século XX, a tripulação dos aviões era treinada para manter a calma e obedecer às exigências de sequestradores de pousar o avião em segurança no aeroporto que os sequestradores escolhessem. Os eventos do 11 de Setembro de 2001 mudaram tudo isso. Em 75 minutos, quatro aviões de carreira americanos, em voos domésticos que partiram de aeroportos no litoral leste, foram dominados por terroristas e caíram. Os dois primeiros, com 17 minutos de intervalo entre eles, se chocaram com as Torres Gêmeas do World Trade Center, em Nova York, enquanto o terceiro atingiu o edifício do Pentágono perto de Washington. Ao saber desses ataques suicidas, os passageiros e comissários de bordo do quarto avião perceberam que obedecer aos sequestradores resultaria em morte. Com os sequestradores levando o avião para a capital Washington, os passageiros e comissários de bordo decidiram revidar e tentaram invadir a cabine. Na luta, o avião caiu nos campos da Pensilvânia e todos a bordo morreram.

Os ataques do 11 de Setembro, o ato terrorista mais fatal dos Estados Unidos, mataram 2.996 pessoas e deixaram mais de 6 mil feridas. Imediatamente, as suspeitas recaíram sobre a Al-Qaeda, rede de células fundamentalistas islâmicas radicais, fundada pelo saudita Osama bin Laden, entre outros. Originalmente aliada das forças anticomunistas apoiadas pelos Estados Unidos, a Al-Qaeda foi formada para combater a ocupação soviética do Afeganistão.

**"O presidente George W. Bush falou ao Congresso e usou pela primeira vez a expressão 'guerra ao terror'."**

No entanto, com o passar dos anos a Al-Qaeda passou a ver os Estados Unidos, com suas forças na Arábia Saudita e o apoio aos estados conservadores do Oriente Médio, como um de seus inimigos. Na época dos ataques do 11 de Setembro, seus membros ainda abrigavam-se sob o regime fundamentalista islâmico Talibã, do Afeganistão.

Em 20 de setembro, o presidente George W. Bush falou ao Congresso e usou pela primeira vez a expressão "guerra ao terror". Ele afirmou que começaria com a Al-Qaeda, mas a guerra "não terminará até que todos os grupos terroristas de alcance global tenham sido encontrados, detidos e derrotados". No Natal de 2001, os Estados Unidos, apoiados por soldados britânicos e pela Aliança do Norte do Afeganistão, removeram os talibãs do poder naquele país. No entanto, não capturaram Bin Laden e os talibãs acabaram se reagrupando. Mas as tropas americanas, junto com as de 42 outros países da OTAN, permaneceram no Afeganistão.

## Armas de destruição em massa

Em 1991, o primeiro presidente Bush comparou Saddam a Hitler; em 2002, o filho descreveu-o como "eixo do mal", ou seja, Iraque, Irã e Coreia do Norte são três países "que se armam para ameaçar a paz do mundo. Ao buscarem armas de destruição em massa, esses regimes constituem um perigo grave e crescente".

Quanto aos ataques do 11 de Setembro, não havia nenhuma prova de que o Iraque patrocinava a Al-Qaeda, mas George W. Bush foi dominado pela ideia de derrubar Saddam. Depois que as tropas iraquianas foram derrotadas no Kuwait em 1991, houve esperança em Washington de que as revoltas dos curdos e xiitas no Iraque derrubariam o governo sunita minoritário de Saddam, mas o ditador os venceu com crueldade. Enquanto isso, durante a década de 1990, os inspetores da ONU ficaram frustrados em seus esforços de verificar plenamente se o Iraque havia desenvolvido ou não mais armas de destruição em massa. Seguindo uma política de contenção, em 1998 os Estados Unidos e a Grã-Bretanha bombardearam as instalações militares iraquianas. No entanto, apesar das afirmativas do serviço de informações de que armas de destruição em massa estavam sendo desenvolvidas, até fevereiro de 2003 nenhuma foi encontrada.

À medida que a guerra se aproximava, houve iniciativas para convencer Saddam a ser mais transparente sobre as armas, entretanto, sem esperar uma invasão, ele continuou a jogar e confundir os inspetores. O Reino Unido queria uma resolução da ONU que apoiasse o uso da força, porém, quando o Conselho de Segurança discordou se tornou impossível o

**PÁGINA AO LADO:** A Torre Sul (à esquerda) do World Trade Center em Nova York, segundos depois que um 767 da United Airlines se chocou com o prédio, na manhã de 11 de setembro de 2001. Quinze minutos antes, outro 767 da American Airlines se chocara com a Torre Norte (à direita).

apoio da ONU, os Estados Unidos, apoiados por Grã-Bretanha, Espanha e Polônia, invadiram o Iraque em março de 2003.

Em três semanas, Bagdá caiu e, no fim do ano, Saddam foi capturado. A ocupação foi rápida, e houve apenas 139 baixas estadunidenses. Entretanto, depois de muitas buscas, não se descobriu nenhuma arma de destruição em massa. Por razões de arrogância pessoal diante de um mundo árabe mais amplo, Saddam blefava. Que tipo de paz se seguiria? E pela negligência de um planejamento de um Iraque pós-Saddam, surgiu um vácuo de poder depois da dissolução do exército muçulmano, de maioria sunita, e da exoneração das autoridades do governo. Assim, em pouco tempo, facções rebeldes xiitas, apoiadas por sunitas e iranianos, lutavam entre si e combatiam as forças de ocupação.

Em 2005, com uma nova constituição, foram realizadas eleições parlamentares. No julgamento, Saddam foi considerado culpado de crimes contra a humanidade e enforcado no ano seguinte. Apesar dos esforços para reduzir o envolvimento americano, o aumento da violência sectária levou ao envio de mais soldados ao Iraque em 2007, o que foi bem-sucedido. Dois anos depois, os americanos entregaram a responsabilidade pela segurança às forças iraquianas. No fim de 2011, o presidente Barack Obama retirou os soldados americanos do Iraque.

Houve 4.804 mortes entre os militares dos 22 países da coalizão, a maioria (4.486) americanos. A Universidade Johns Hopkins estimou que o número de mortes iraquianas até 2011, tanto diretamente por ações violentas quanto indiretamente pelo colapso da infraestrutura do país, foi de 461 mil indivíduos. No entanto, o envolvimento estadunidense no Iraque ainda não havia acabado.

ACIMA: O presidente Barack Obama e a secretária de Estado Hillary Clinton, com membros da equipe de segurança nacional, recebem notícias da missão da tropa SEAL da Marinha para assassinar Osama bin Laden, em maio de 2011.

## A busca de Bin Laden

Na época dos ataques do 11 de Setembro, acreditava-se que Osama bin Laden vivesse no Afeganistão. No entanto, ele fugiu de sua captura por muitos anos, e seu paradeiro ficou desconhecido. Quase uma década depois, Osama foi localizado morando num complexo seguro na cidade de Abbottabad, no Paquistão, a cerca de 160 km da fronteira afegã. Em 2 de maio de 2011, fuzileiros navais americanos da tropa de elite SEAL, em dois helicópteros Black Hawk, iniciaram uma operação para matá-lo. Os SEAL aterrissaram no terreno do complexo de Bin Laden e abriram caminho pela casa até encontrar o líder da Al-Qaeda. Ele e quatro familiares foram fuzilados. O corpo de Bin Laden foi removido pelos soldados estadunidenses e recebeu um funeral muçulmano no mar.

## Estado Islâmico

Enquanto o presidente Obama tentava reduzir a presença americana no Iraque, a agitação do Oriente Médio arrastou os Estados Unidos e outros países a um envolvimento maior na região. Em 2011, os ataques aéreos

## INTERROGATÓRIO APRIMORADO

Poucos meses depois da invasão do Iraque em 2003, a Anistia Internacional começou a divulgar casos de violação dos direitos humanos, com tortura e humilhação sexual, cometidos pela polícia militar estadunidense contra prisioneiros iraquianos, mais notadamente na prisão de Abu Ghraib. As violações, às vezes orgulhosamente fotografadas, incluíam agressão física e sexual, estupro e assassinato. Para defender suas ações das acusações de tortura, privação de sono e encapuzamento, a maior parte dos agressores afirmou que obedecia a ordens e orientações sobre métodos de interrogatório. Além de rebaixamentos e cortes marciais, onze soldados americanos foram condenados à prisão pelas agressões, e a pena mais longa foi de dez anos.

No entanto, a política americana sobre métodos de interrogatório nem sempre foi clara. Pouco depois dos ataques do 11 de Setembro, o vice-presidente Dick Cheney afirmou que, nessa nova época de ataques suicidas, o governo "precisava trabalhar, por assim dizer, através do lado sombrio" para combater os terroristas.

Embora usada de forma limitada pela CIA na década de 1990, acredita-se que a prática da extradição extraordinária — algemar e transportar suspeitos de terrorismo de um país estrangeiro a outro para interrogatório — foi imensamente ampliada com a criação da "guerra ao terror". Alegou-se que centenas de voos levaram suspeitos de toda Europa e do Oriente Médio para prisões secretas, onde foram detidos e torturados durante meses.

Alguns suspeitos foram levados para a base americana na Baía de Guantánamo, em Cuba, onde, fora da jurisdição dos Estados Unidos, criou-se em 2002 um campo de detenção que poderia manter prisioneiros sem julgamento. Mais de 770 prisioneiros de mais de 50 países ficaram detidos no campo, a maior proporção sendo de afegãos, seguidos por sauditas, iemenitas, paquistaneses e outras nacionalidades asiáticas, europeias e do Oriente Médio. O presidente Obama declarou várias vezes seu desejo de fechar Guantánamo. Em 2022, o número de presos lá detidos se reduziu a 35; alguns foram transferidos para prisões no país natal, outros libertados. Mas, como o governo americano considera os presos restantes perigosos demais para serem libertados e, ao mesmo tempo, não tem provas suficientes e admissíveis para levá-los a julgamento, esses 35 permanecem no limbo, em Guantánamo.

estadunidenses, como parte de uma força de coalizão da OTAN, apoiaram a derrubada do ditador coronel Kadafi na Líbia.

Depois da retirada dos soldados americanos do Iraque, o nível de violência voltou a aumentar à medida que grupos militantes lutavam com grupos sunitas atacando a população xiita do país, e o governo estava dominado pelos xiitas.

Em 2014, o grupo jihadista, sunita e fundamentalista Estado Islâmico fundiu-se com sua contraparte na guerra civil da Síria para controlar as cidades do oeste e do norte do Iraque, como Faluja e Mossul. O avanço do Estado Islâmico, famoso por decapitar prisioneiros e promover açoitamentos públicos, sequestros e limpeza étnica, provocou o aumento do auxílio militar americano às forças do governo iraquiano, com ataques aéreos ao território dominado pelo Estado Islâmico, assim como entregas de ajuda humanitária. Em 2015 e 2016, com as forças americanas e aliadas da coalizão atuando como conselheiros em terra, o exército iraquiano conseguiu recuperar o terreno ocupado por jihadistas do Estado Islâmico. Até 2019, o Estado Islâmico perdeu seu último território importante no Oriente Médio.

**ACIMA: Donald Trump, 45º presidente dos Estados Unidos, é o primeiro a nunca ter ocupado cargos públicos nem servido às Forças Armadas.**

Do mesmo modo, no Afeganistão, embora a segurança fosse transferida para as forças afegãs, a retirada dos EUA e da OTAN desacelerou-se em 2015, pois a Al-Qaeda tentou se reagrupar na região. Como o Estado Islâmico também estava presente lá nesse momento, as forças dos EUA e da OTAN permaneceram no país. Em fevereiro de 2020, o governo americano e o Talibã assinaram um acordo, apoiado pelo Conselho de Segurança da ONU, para levar paz ao Afeganistão. No entanto, o governo afegão, incapaz de concordar em seus próprios termos com o Talibã, ficou de fora dessa imensa discussão internacional. O acordo afirmava que os Estados Unidos retirariam as forças militares até o verão do ano seguinte, se o Talibã prometesse impedir que a Al-Qaeda operasse nas áreas controladas por ele e estabelecesse conversações com o governo afegão.

Quando a retirada americana começou, seguida por outras forças da OTAN que não tinham poder para ficar sem os Estados Unidos, os ataques talibãs contra as posições mantidas pelo governo afegão aumentaram. No último mês, agosto de 2021, a situação se deteriorou com rapidez. O governo afegão caiu, e o Talibã retomou Cabul. Com ecos da queda de Saigon em 1975, as pessoas lutaram para chegar às embaixadas ocidentais e sair do país. Nos piores casos, alguns se agarraram de forma fatal à fuselagem dos aviões que partiam de Cabul. O Ocidente tirava o time de campo, mas como ficaria o povo afegão?

Com a retirada internacional, que incluiu quase todo o apoio financeiro e humanitário, a economia desmoronou e, dali a um ano, muita gente passou fome. O país ficou mais pacificado, embora partes do Talibã fossem ainda atacadas por elementos remanescentes do Estado Islâmico e também pela insurgência republicana. As mulheres foram afastadas dos cargos públicos e — tal como aconteceu vinte anos antes, quando o Talibã controlou o país — as meninas foram proibidas de estudar depois da escola primária. "O abandono do Afeganistão e de seu povo", escreveu o ex-primeiro-ministro britânico Tony Blair, "é trágico, perigoso, desnecessário; não é do interesse deles nem do nosso."

## Presidência de *reality show*

"Ele não tem temperamento nem juízo para ser presidente." Essas foram as palavras do republicano Mitt Romney em março de 2016, não sobre um adversário democrata, mas sobre Donald Trump, candidato de seu próprio partido nas eleições presidenciais de 2016. Como o concorrente de um *reality show*, gênero que transformou em astro o bilionário incorporador de imóveis, Trump chamou imensa atenção dizendo coisas revoltantes e, para muitos, ofensivas. Seus discursos agressivos e caluniosos durante as eleições ganharam as manchetes; ele afirmou que imigrantes mexicanos eram estupradores e traficantes de drogas, e disse várias vezes que Hillary Clinton, sua adversária, era *crooked*, ou seja, corrupta ou vigarista.

**"Ele não tem temperamento nem juízo para ser presidente."**

Trump enraiveceu muitos, mas sua campanha populista *Make America great again* (Tornar os Estados Unidos grandes outra vez) reverberou em bastante gente, principalmente operários metalúrgicos brancos dos estados do "cinturão da ferrugem", onde as famílias passavam por dificuldades depois da crise financeira de 2008. Com uma parte do eleitorado desencantada com a política tradicional personificada pelos Clinton, o "forasteiro" Trump representava a mudança. Em última análise, Hillary Clinton ganhou no voto popular por 3 milhões de votos, mas Trump a derrotou no Colégio Eleitoral.

Nos quatro anos turbulentos que se seguiram, Trump, o primeiro presidente sem nenhuma experiência em cargos do governo nem nas Forças Armadas, continuou a ser um forasteiro, mesmo na Casa Branca. Desdenhava regularmente a mídia como "inimiga do povo" que divulgava *fake news* — notícias falsas —, enquanto ele mesmo fez muitas declarações falsas ou enganosas; o *Washington Post* calculou uma média de mais de vinte por dia. Trump costumava desviar a atenção das pautas noticiosas alimentando teorias da conspiração e até "retuitando" mensagens de partidários do movimento QAnon — esses acreditavam que havia uma cabala secreta formada de canibais e pedófilos que dirigiam uma rede global de tráfico sexual de crianças e conspiravam contra seu mandato. Trump, ao exigir financiamento federal para a construção de um muro entre os Estados Unidos e o México, bloqueado pelo Senado, causou a mais longa paralisação do governo na história americana (35 dias). Também negou a entrada de cidadãos de vários países de maioria muçulmana nos EUA.

## A pandemia de covid-19

Quando o vírus da covid-19 chegou aos Estados Unidos no segundo trimestre de 2020, no início, Trump não usou máscara quando o distanciamento social não era possível, apesar das recomendações dos Centros de Controle de Doenças (CDC), e elogiou os indivíduos de estados democratas que violaram a ordem de ficar em casa. Até dezembro de 2022, mais de 1 milhão de pessoas morreu de covid-19 nos EUA — 333 mortes por

**ABAIXO: O lockdown imposto pela covid-19 ameaçava o sustento, e alguns o consideravam uma violação injusta das liberdades civis. Assim, em 20 de abril de 2020, manifestantes desrespeitam as regras de distanciamento social e fazem uma manifestação em Harrisburg para reabrir o estado da Pensilvânia.**

100 mil habitantes —, número um pouco mais alto que o do Reino Unido, que demorou a reagir à doença, e muito mais alto que o nível de mortes no Canadá e México. Os Estados Unidos foram bem-sucedidos no desenvolvimento de uma vacina, mas foi preciso enfrentar os céticos, que não confiavam mais na mídia tradicional e escolhiam sua verdade em fontes não verificadas das mídias sociais. Embora o ceticismo com a covid fosse um fenômeno global, nos EUA o tom característico foi a falta de confiança no governo, que levou à crença de que o vírus e/ou as vacinas eram uma conspiração do governo e da indústria farmacêutica, e que os *lockdowns*, o distanciamento social e o uso de máscaras eram infrações injustificáveis das liberdades civis. Ainda assim, até dezembro de 2022, 69% da população americana foi plenamente vacinada, e quase todos os que morriam de covid-19 ainda não haviam se vacinado.

### *Impeachment* e insurreição

Em 2019, Trump sofreu um processo de *impeachment* por abuso de poder e obstrução do Congresso, quando tentou pressionar a Ucrânia para investigar Joe Biden, o candidato democrata. Foi absolvido, porém, seu mandato chegou ao nível mais baixo em 6 de janeiro de 2021, quando, recusando-se a aceitar que havia perdido as eleições de 2020, incitou seus apoiadores a atrapalhar a contagem pelo Congresso dos votos do Colégio Eleitoral, que formalizaria a vitória de Biden. Trump repetiu alegações falsas de irregularidade eleitoral e convocou seus partidários a agir: "Se não lutarem pra diabo, vocês não terão mais um país". Depois de um comício, mais de 2 mil partidários invadiram o Capitólio, em Washington. No princípio, Trump resistiu a enviar a Guarda Nacional, mas no fim do dia disse aos apoiadores: "vão para casa em paz".

**"Dois dias depois, o presidente foi permanentemente suspenso do Twitter 'devido ao risco de maior incitamento à violência'."**

Dois dias depois, o presidente foi permanentemente suspenso do Twitter "devido ao risco de mais incitamento à violência". Na semana seguinte, a Câmara de Deputados abriu um processo de *impeachment* contra ele por incitar a insurreição, o que fez de Trump o único presidente a sofrer dois processos desses. Como não se conseguiu maioria suficiente para condená-lo, ele foi absolvido. Mas a sombra de procedimentos criminosos penderia sobre o ex-presidente. Em 2022, uma investigação criminal foi iniciada porque soube-se que Trump violou a Lei de Registros Presidenciais ao levar consigo vários documentos secretos quando deixou o cargo. Além disso, naquele mês de dezembro, um comitê seleto da Câmara Americana sobre o ataque de 6 de janeiro recomendou acusações criminais contra Trump por obstruir processos oficiais, conspirar para fraudar os Estados Unidos e incitação ou assistência a uma insurreição.

### Novamente, Roe versus Wade

"Quando você é um astro", gabou-se Donald Trump em 2005, as mulheres "deixam você fazer qualquer coisa. Agarre elas pela xoxota. Você pode fazer o que quiser." Depois que um vídeo de Trump dizendo essas palavras apareceu durante a campanha eleitoral de 2016, ele se desculpou; no entanto, com o passar dos anos, houve pelo menos 25 denúncias de abuso sexual que ele negou.

Em resposta à retórica e às políticas eleitoreiras de Trump, foi programada a Marcha das Mulheres em Washington para o dia seguinte à sua posse, em janeiro de 2017. A marcha atraiu mais de 470 mil pessoas, e mais de 3 milhões participaram das marchas em todo o país. Este foi o dia do maior protesto da história americana.

Uma área que se tornou socialmente mais conservadora durante o mandato de Trump foi a dos direitos reprodutivos. Em 1973, no caso Roe versus Wade, a Suprema Corte decidiu que, de acordo com o direito da pessoa à privacidade como parte da Décima Quarta Emenda, a mulher tinha o direito de abortar. Isso invalidou muitas leis federais e estaduais existentes. Embora o direito ao aborto — o direito de escolha da mulher ou o direito do filho não nascido — fosse um tema muito discutido nos Estados Unidos, só em 2022 houve mudança significativa na legislação. Naquele verão, a Suprema Corte derrubou, por 5 votos a 4, o veredito do caso Roe vs. Wade com o argumento, entre outros, de que a Constituição não fazia referência ao aborto e que derrubar o veredito de 1973 devolveria "a questão do aborto aos representantes eleitos pelo povo". Isto é, a questão passaria a ser dos estados. Em poucos meses, treze estados, a maioria do Sul, tornaram o aborto ilegal.

Embora já tivesse deixado o cargo, Trump teve seu papel nisso. Em 2020, em meio a controvérsias, ele conseguiu indicar a conservadora Amy Coney Barrett para substituir a liberal Ruth Bader Ginsburg na Suprema Corte, menos de seis semanas antes da eleição que Trump perderia. Quando Barack Obama nomeou um juiz mais liberal para a Suprema Corte durante seu último ano no cargo, o Senado cancelou a nomeação e afirmou que o próximo juiz seria escolhido pelo presidente seguinte. Na verdade, Trump foi o primeiro presidente desde a década de 1930 a nomear três juízes da Suprema Corte em um único mandato. Com a nomeação de

**ABAIXO: Seis de janeiro de 2021, em Washington. Depois de um comício em que Donald Trump repetiu sua tese de que a eleição foi "fraudada por audazes democratas da esquerda radical", uma multidão de mais de duas mil pessoas invadiu o prédio do Capitólio na tentativa de impedir que o Congresso formalizasse a vitória de Joe Biden.**

Coney Barrett, o equilíbrio do tribunal pendeu numa direção socialmente conservadora, e o caso Roe vs. Wade foi derrubado.

## Black Lives Matter

Em maio de 2020, George Floyd, um afro-americano desarmado, foi morto ao ser preso como suspeito de passar uma nota falsa de vinte dólares numa loja de Mineápolis, no estado de Minnesota. Embora Floyd já estivesse algemado, o policial Derek Chauvin ficou nove minutos ajoelhado sobre seu pescoço e suas costas, provocando asfixia e morte. Mais tarde, Chauvin foi condenado pelo homicídio de Floyd.

Quando a notícia da morte de Floyd se espalhou — seus últimos minutos foram filmados por um espectador —, explodiram protestos em todo o país e no mundo inteiro em apoio ao movimento "Black Lives Matter" ("vidas negras importam"), iniciado em 2014 depois dos primeiros casos de brutalidade policial. Apesar do lockdown da covid-19, estima-se que entre 15 e 26 milhões de pessoas em todo o país, nas maiores manifestações da história dos EUA, protestaram contra o racismo da polícia. Houve toque de recolher em mais de duzentas cidades e, embora a maioria dos protestos fosse pacífica, houve casos de tumultos e saques, além de 14 mil prisões e 19 mortes. Vários monumentos que homenageavam personagens associados à injustiça racial, como a estátua do general confederado J. E. B. Stuart, em Richmond, na Virgínia, e a de Cristóvão Colombo, em Saint Paul, Minnesota, foram desfiguradas ou derrubadas, o que levou a população a examinar com mais interesse a história da injustiça racial nos Estados Unidos e no mundo.

**ABAIXO: Manifestação do movimento Black Lives Matter — Vida Negras Importam — no Juneteenth de 2020 em Los Angeles. Juneteenth é o feriado federal que marca o aniversário da emancipação dos escravos no Texas, em 19 de junho de 1865.**

Apesar das manchetes, alguns argumentam que mortes como a de Floyd não refletem a violência racial sistemática da polícia. Ao examinar dados de algumas cidades americanas, o economista de Harvard, Roland G. Fryer Jr. — um "menino negro do sul", como ele se descreve — não encontrou indícios de discriminação racial nas mortes causadas por policiais, embora descobrisse que homens e mulheres negros tinham probabilidade muito maior de sofrer violência não letal da polícia. Talvez o estudo de Fryer não fosse bastante amplo, como ele admitiu, embora outros estudos tenham encontrado o mesmo padrão.

## À vontade com as armas

Se policiais de qualquer etnia têm ou não mais probabilidade de matar negros, há a questão mais ampla de crimes com arma de fogo entre civis nos EUA, o que talvez revele mais sobre a pobreza e a segregação ainda existente décadas depois do Movimento dos Direitos Civis. Em

2014, por exemplo, em Chicago, onde a população de negros e brancos é mais ou menos igual, 2.460 negros levaram tiros, letais ou não, contra 78 brancos.

Regularmente, o público americano fica chocado com os tiroteios em massa, como o que ocorreu na escola de ensino básico de Sandy Hook, em Newtown, no estado de Connecticut, em 2012. Contudo, neste caso, a reação pode variar: há os que pedem leis mais estritas sobre as armas e aqueles que exigem mais gente armada para revidar — embora um estudo do FBI constate que, em 160 incidentes, de 2000 a 2013, só numa única ocasião as pessoas armadas detiveram o atirador.

No entanto, os ataques em massa, por mais extremos e chocantes que sejam, não são típicos da maioria dos tiroteios. Em média, 35 pessoas são baleadas, sendo sete delas crianças, todos os dias nos Estados Unidos. Em geral, as vítimas são pobres e não brancas, ao contrário dos mortos e feridos nos tiroteios em massa em escolas e faculdades. Os EUA têm a maior quantidade de armas *per capita* do mundo. Em termos proporcionais, há mais mortes ligadas a armas na população dos Estados Unidos do que no México. "O que aconteceu com a vida, a liberdade e a busca da felicidade?", perguntarão os de fora.

## Glória, Aleluia

Pode parecer um tema sombrio para encerrar a história dos Estados Unidos, mas esses tiroteios e o debate sobre eles chegam ao cerne do que é o país. Muitos defensores das armas argumentam o que está escrito na Segunda Emenda aprovada em 1791, que "o direito do povo de manter e portar armas não será infringido". Outros contrapõem colocando que a Emenda afirma que as armas são para "uma milícia bem regulamentada e necessária para a segurança de um estado livre", ou seja, uma força militar organizada, não indivíduos armados. E outros ressaltam que, mesmo que falasse de indivíduos, a Segunda Emenda foi escrita e aprovada há mais de duzentos anos, num mundo de escravidão, em que as mulheres não votavam e as armas eram mosquetes, não submetralhadoras.

**"A história dos Estados Unidos foi sangrenta, mas isso não significa que tenha sido sempre vergonhosa."**

Além das diferentes interpretações da Segunda Emenda, haverá na relação dos Estados Unidos com as armas de fogo algum resíduo da ideia do fazendeiro que defende sua propriedade com uma espingarda? A fronteira pode ter desaparecido, mas, por bem ou por mal, a vida difícil do Ocidente, pelo menos para muitos, passou a fazer parte da identidade nacional.

E, no mundo da indústria e do comércio em que os Estados Unidos têm sido tão bem-sucedidos, as armas de fogo têm mostrado seu valor. Na defesa pelo direito de ter armas, a National Rifle Association (Associação Nacional das Armas) pode defender as liberdades civis, mas o próprio poderio da campanha da entidade, financiada em parte por fabricantes de armas, indica uma característica muito americana: a grande empresa sem restrições.

Enquanto isso, dos tribunais estaduais à Suprema Corte, as leis sobre o controle das armas são periodicamente reforçadas e flexibilizadas, questionadas e emendadas. Para as pessoas que têm seus projetos de lei derrotados, talvez pareça injustiça, mas essa é a liberdade americana em ação, a liberdade de promover essas leis e mudá-las.

Em termos jurídicos (e emocionais), as leis americanas sobre armas incorporam as ideias centrais da identidade dos Estados Unidos, ou seja, que nem indivíduos nem Estados podem ser indevidamente limitados por uma política federal excessiva do governo federal. Essa era a base da crença dos Pais Fundadores estabelecida na Décima Emenda da Declaração de Direitos.

Se um número suficiente de estadunidenses quisesse alterar a Segunda Emenda, eles poderiam. A Lei Seca foi criada por uma emenda em 1919 e revogada por outra em 1933. O fato de haver opiniões fortes e contrárias sobre a legislação das armas é a prova do sucesso dos Estados Unidos como democracia, com um governo "do povo, pelo povo, para o povo", como disse Abraham Lincoln no Discurso de Gettysburg.

A história dos Estados Unidos foi sangrenta, mas isso não significa que tenha sido sempre vergonhosa. Foi o conflito sangrento que libertou o país dos grilhões do domínio britânico na Guerra de Independência; foi o conflito armado que manteve o país unido e deu fim à escravidão na Guerra de Secessão; e, finalmente, foi participando da guerra que o fascismo foi derrotado na Segunda Guerra Mundial. Além disso, os *Freedom Riders* (viajantes da liberdade) do Movimento pelos Direitos Civis sabiam que precisariam da violência na luta contra a segregação e a discriminação.

É possível criticar os Estados Unidos pela perseguição dos povos originários ou pelo imperialismo, mas essas acusações também podem ser feitas a muitos países, principalmente os mais poderosos. Talvez seja preferível considerar a coragem dos voluntários e recrutas que serviram os EUA, desde o Iraque e Afeganistão ao Vietnã e à Coreia, das guerras mundiais à Guerra de Secessão e à Guerra de Independência. É melhor lembrar a bravura dos ativistas pelos direitos civis, dos soldados que ergueram a bandeira em Iwo Jima, dos rapazes que desembarcaram nas praias da Normandia no Dia D e homenagear aqueles que caíram em Shiloh, Yorktown, Saratoga e em tantos outros conflitos.

# BIBLIOGRAFIA


BERLIN, Ira. *Many Thousand Gone: The First Two Centuries of Slavery in North America.* Massachusetts: Belknap Press, 2000.

BROWN, Dee. *The American West.* Nova York: Simon & Schuster, 1994.

BRION Davis, David. *Inhuman Bondage: The Rise and Fall of Slavery in the New World.* Nova York: Oxford University Press, 2006.

BRYSON, Bill. *Made in America.* Londres: Seeker & Warburg, 1994.

DENTON, Sally; MORRIS, Roger. *The Money and the Power: The Making of Las Vegas and its Hold on America, 1947-2000.* Nova York: Alfred A. Knopf, 2001.

EKIRCH, A. Roger. *Bound for America: The Transportation of British Convicts to the Colonies, 1718-1775.* Nova York: Oxford University Press, 1987.

FRIEDRICH, Otto. *City of Nets: A Portrait of Hollywood in the 1940s.* Londres: Headline, 1987.

GRENIER, John. *The First Way of War: American War Making on the Frontier, 1607-1814.* Nova York: Cambridge University Press, 2005.

JENKINS, Philip. *A History of the United States* (4ª ed.). Londres: Palgrave, 2012.

McNAB, Chris. *Native American Warriors 1500-1890 CE.* Londres: Amber, 2010.

McPHERSON, James. M. *Battle Cry of Freedom: The Civil War Era* (nova edição). Londres: Penguin, 1990.

MILNER, Clyde A.; O'CONNER, Carol A.; SANDWEISS, Martha A. (org.) *The Oxford History of the American West.* Nova York: Oxford University Press, 1996.

NOLAN, Frederick. *The Wild West: History, Myth and the Making of America.* Londres: Arcturus, 2003.

O'BRIEN, Greg. *A Chronology of Native Americans.* Londres: Amber, 2011.

REYNOLDS, David. *America: Empire of Liberty.* Londres: Penguin, 2009.

SAVAGE Jr., William W. (org.) *Cowboy Life: Reconstructing an America Myth.* Boulder: University Press of Colorado, 1975.

STORR, Anthony. *Feet of Clay: A Study of Gurus.* Londres, Harper Collins, 1996.

WALWIN, James. *A Short History of Slavery.* Londres: Penguin, 2007.

WOOD, Betty. *The Origins of American Slavery.* Nova York: Hill & Wang, 1998.

WOOD, Gordon S. *The American Revolution: A History.* Londres: Weidenfeld & Nicolson, 2003.

# ÍNDICE